| 지은이 **린다 굿맨** Linda Good[...]

1925년 미국의 웨스트버지니아에 [...] 자 저널리스트였으며 시인이자 천문해석가였습니다. 린다 굿맨은 제[...] 계대전 동안 〈린다의 러브레터Love Letters from Linda〉라는 유명한 라디오 프로그램을 진행하면서 명성을 얻기 시작했습니다. 그 이후 미국의 동부와 남동부 지역 신문에 기고를 하면서 본격적인 저술 활동을 시작하였고, 흑인 인권운동가이자 미국도시연맹National Urban League의 회장이었던 휘트니 영Whitney Young의 연설문을 작성하기도 했습니다. 린다 굿맨이 풍부한 임상 경험과 인간에 대한 깊은 이해를 바탕으로 집필한 『당신의 별자리』는 1968년 출간 이후 공전의 히트를 기록하였습니다. 천문해석학 분야의 책으로는 처음으로 「뉴욕 타임스」 베스트셀러 목록에 오르는 쾌거를 이루었고, 1978년 출간된 『사랑의 별자리Linda Goodman's Love Signs』 또한 「뉴욕 타임스」 베스트셀러 목록에 올랐습니다. 그녀의 책들은 40여 년이 지난 지금까지 전 세계 독자들의 사랑을 받고 있는 고전이며 베스트셀러입니다. 책 곳곳에는 네 명의 자녀를 둔 어머니로서 자녀들에게 전해 주고 싶은 아름답고 따뜻한 경험과 지혜가 스며들어 있습니다. 그녀는 콜로라도 주에 있는 크리플 크리크에서 말년을 보냈으며, 그녀가 살던 집은 현재 여행자들을 위한 게스트하우스가 되었습니다. 1995년 향년 70세로 생을 마감했습니다.

| 옮긴이 **이순영**

1970년 강릉에서 태어나고 자랐습니다. 한국외국어대학교 영어과를 졸업한 뒤여러 기업체에서 해외 업무를 담당했습니다. 2009년 도서출판 북극곰을 설립하여 환경과 영혼의 치유를 주제로 일련의 책들을 꾸준히 발간하고 있으며, 번역가로도 왕성하게 활동하고 있습니다. 번역서로는 노베르트 로징의 『북극곰』, 마르타 알테스의 『안돼!』, 엠마누엘레 베르토시의 『나비가 되고 싶어』가 있으며, 린다 굿맨의 『사랑의 별자리』도 곧 아름다운 우리말로 선보일 예정입니다.

당신의 별자리

물병자리

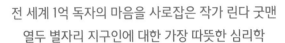

Linda Goodman's Sun Signs

전 세계 1억 독자의 마음을 사로잡은 작가 린다 굿맨
열두 별자리 지구인에 대한 가장 따뜻한 심리학

당신의 별자리

물병자리

1. 21 ~ 2. 19

린다 굿맨 지음 | 이순영 옮김

진정으로 지인들을 이해했던 쌍둥이자리 마이크 토드를 위하여

그리고 물고기자리 멜리사 앤과의 약속을 지키기 위해

이리하여 이상한 나라가 생겨났네.
이렇게 서서히 하나씩 하나씩
이상한 사건들이 일어나고
이제 하나의 이야기가 만들어졌네.

감사의 말

나의 벗이자 스승인 처녀자리 천문해석가 로이드 코프의 도움과 조언에 깊이 감사드립니다. 로이드의 격려와 신뢰가 없었다면 이 책은 그저 양자리의 여러 꿈 중 하나로만 남아 있었을 것입니다.

★ 열두 별자리 개요

별자리	상징	기간	지배행성	구성 원소	상태
양자리 *Aries*	♈	3.21 ~ 4.20	화성 *Mars*	불	활동
황소자리 *Taurus*	♉	4.21 ~ 5.21	금성 *Venus*	흙	유지
쌍둥이자리 *Gemini*	♊	5.22 ~ 6.21	수성 *Mercury*	공기	변화
게자리 *Cancer*	♋	6.22 ~ 7.23	달 *Moon*	물	활동
사자자리 *Leo*	♌	7.24 ~ 8.23	태양 *Sun*	불	유지
처녀자리 *Virgo*	♍	8.24 ~ 9.23	수성 *Mercury*	흙	변화
천칭자리 *Libra*	♎	9.24 ~ 10.23	금성 *Venus*	공기	활동
전갈자리 *Scorpio*	♏	10.24 ~ 11.22	명왕성 *Pluto*	물	유지
사수자리 *Sagittarius*	♐	11.23 ~ 12.21	목성 *Jupiter*	불	변화
염소자리 *Capricorn*	♑	12.22 ~ 1.20	토성 *Saturn*	흙	활동
물병자리 *Aquarius*	♒	1.21 ~ 2.19	천왕성 *Uranus*	공기	유지
물고기자리 *Pisces*	♓	2.20 ~ 3.20	해왕성 *Neptune*	물	변화

★ 용어 설명

- **천문해석학**astrology : 인간이 태양과 달을 포함한 행성들의 영향을 받는다는 전제 하에 태어나는 시간과 장소에 따른 행성들의 위치에 근거하여 사람의 성격과 삶에 대하여 풀이하는 학문으로, 일명 점성학이라고 알려져 있음.

- **출생차트**natal chart : 태어나는 시간과 장소에서 본 행성들의 위치.

- **충돌 각도**hard aspect : 출생차트의 행성들이 서로 90도나 180도를 이루고 있는 경우.

- **태양별자리**sun signs : 태어난 시간과 장소에서 볼 때 태양이 위치하고 있는 별자리.

- **달별자리**moon signs : 태어난 시간과 장소에서 볼 때 달이 위치하고 있는 별자리.

- **동쪽별자리**ascendant : 태어난 시간과 장소에서 볼 때 동쪽 지평선에 위치하고 있는 별자리.

- **영역**house : 태어난 시간에 태어난 위치에서 보이는 하늘을 12구역으로 나눈 것으로 인생의 다양한 경험 분야를 의미함.

- **경계선**cusps : 각 영역의 시작점.

★ 별자리(태양별자리)란?

'태양별자리'라는 말은 당신이 만약 쌍둥이자리라면 당신이 태어난 시간에 태양이 쌍둥이자리라 불리는 곳에 위치해 있었고, 그 시기는 대략 5월 22일에서 6월 21일 사이라는 것을 의미합니다. 그 기간은 천문해석학 책에 따라 약간씩 다를 수 있습니다. 실제로 태양별자리가 바뀌는 시점은 정해져 있지 않습니다. 자정에 바뀐다고 가정하면 매우 간단한 일이지만 실제로는 그 시간이 하루 중 언제가 될지 알 수 없답니다. 예를 들어, 지난 몇십 년 동안은 양자리가 황소자리로 바뀌는 날은 4월 20일이었습니다. 그러니 4월 20일은 때에 따라 양자리가 될 수도 있고 황소자리가 될 수도 있는 것입니다. 출생차트를 뽑아 보지 않으면 사실은 양자리인 당신이 평생 황소자리라고 잘못 알고 살 수도 있는 것입니다. 어떤 별자리가 시작하는 날이나 끝나는 날에 태어난 사람이라면 정확한 출생 시간과 출생 장소(위도 및 경도)를 알고 있어야만 어떤 별자리인지 정확하게 알 수 있습니다.

※ 이 책에 인용된 시들은 모두 루이스 캐럴의 작품에서 빌어 왔음을 밝혀 둡니다.

한국어판에서는 비룡소에서 출판한 『이상한 나라의 앨리스』와 『거울나라의 앨리스』를 참조하였습니다.

※ 개인의 출생차트는 윈스타winstar 프로그램이나 http://www.astro.com 등을 이용하여 볼 수 있습니다.

※ 이 책의 각주는 모두 역자가 단 것입니다.

목차

물병자리
Aquarius

1월 21일~2월 19일

태양별자리를 어떻게 이해할 것인가

오래 전 이야기가 시작되었으니
여름의 태양이 그 빛을 발하고 있을 때
우리가 노 젓는 박자에 맞추어
울려 퍼지던 단아한 종소리

언젠가 당신은 출생차트의 상세한 내용을 알고 싶어질 때가 올 겁니다. 하지만 출생차트를 이해하려면 우선 무엇보다도 태양별자리를 이해해야 합니다. 우리는 잡지나 신문에서 단순히 열두 가지로 분류된 별자리 운세를 흔히 볼 수 있습니다. 그런데 별자리 운세를 읽는 것과 개개인의 태양별자리를 이해하는 것을 혼동하지 않았으면 합니다. 별자리 운세는 대체로 아주 그럴듯한 내용으로 당신의 관심을 끌지는 몰라도 오류가 전혀 없다고 할 수는 없습니다. 당신의 성격과 에너지를 전문적이고도 정확하게 분석하려면 당신이 태어난 정확한 날짜와 시간에 근거한 출생차트가 필요합니다.

하지만 이런 별자리 운세를 '누구에게나 해당하는 뻔하고 일반적인 내용을 모아놓은 잡동사니'로 치부해 버리는 경향도 경계해야 합니다. 이 또한 사실이 아니니까요. 그러한 예언(암시라는 말이 더 적합하겠지만)은 황소자리나 물고기자리 또는 처녀자리에게 각각 적용되는 것이지 열두 별자리 모두에게 마구잡이식으로 적용되는 이야기는 아닙니다. 별자리 운세는 실력 있는 전문가들이 출생차트의 태양별자리를 비롯하여 그 시기에 하늘에서 움직이는 여러 행성들 사이의 각도를 수학적으로 계산하여 작성하므로 어느 정도까지는 예측이 가능합니다. 그러나 중요한 것은 그러한 예측들이 개개인의 출생차트에 있는 태양별자리와 여덟 개의 행성 및 달의 각도를 정확하게 반영하지 않기 때문에 개인별로 완벽하게 맞아떨어지지는 않는다는 것입니다. 이러한 결함을 감안하고 본다면 별자리 운세는 흥미롭고 도움이 될 만한 정보입니다.

　태양은 모든 별 중에서도 가장 강력한 별입니다. 태양은 인간의 성격에 지대한 영향력을 미치기 때문에 태양별자리에 대한 해석만으로도 그날 태어난 개인에 대해서 놀라울 정도로 정확하게 설명할 수 있습니다. 태양의 전자기 파장(현재의 연구조사 수준에서는 이렇게밖에 표현할 수 없습니다.)은 우리가 인생을 살아가면서 태양별자리의 기질을 지속적으로 발현해 나갈 수 있도록 해 줍니다. 태양별자리가 인간의 행동과 특징을 분석하는 데 사용하는 유일한 요소는 아니지만, 상당히 중요한 의미를 차지하고 있습니다.

　어떤 천문해석가는 태양별자리를 다루는 책들이 민족별·직업별 특징을 무시하고 인간의 특징을 일반화했다고 주장하기도 합니다. 그러한 생각에 대해 이해는 하지만 동의할 수는 없습니다. 물론 태양별자리를 잘못된 태도로 사용한다면 사람들을 호도하기 쉽다는 것은 사실입니다. 하지만 분명한 것은 출생차트 없이 태양별자리를 해석하는 것만으로 탁월하게 인간을 분석하고 본성을 이해할 수 있다는 사실입니다.

개인의 태양별자리는 대략 80퍼센트 정도 정확하며 가끔은 90퍼센트까지도 정확한 경우가 있습니다. 이 정도라면 아무것도 모르는 것보다는 훨씬 낫지 않을까요? 물론 나머지 10~20퍼센트도 매우 중요하므로 무시할 수는 없습니다. 하지만 우리가 한 사람의 태양별자리를 안다면 이미 기본적인 정보들을 얻게 되는 것입니다. 태양별자리에 관한 지식을 신중하게 적용한다면 위험성은 전혀 없다고 할 수 있습니다. 우리가 나머지 10~20퍼센트로 인해 잘못된 정보를 얻을 수도 있다는 점을 유념한다면 자신 있게 태양별자리를 해석할 수 있습니다.

그렇다면 태양별자리란 무엇일까요? 태양별자리란 당신이 태어나서 첫 숨을 들이쉬던 그 순간 태양이 있던 특정한 위치, 즉 양자리·황소자리·쌍둥이자리 등을 말합니다. 이는 천문학자들이 계산해 놓은 천문력 ephemeris에 따라 추출해 낸 정확한 위치를 의미합니다. 일러두기에서 밝힌 바와 같이 어떤 태양별자리가 시작하는 날이나 끝나는 날에 태어난 사람의 경우에는 정확한 출생 시간과 출생 장소의 위도 및 경도를 알아야만 어떤 태양별자리에 해당하는지 정확하게 알 수 있습니다. 다시 말해 이 책을 포함하여 모든 천문해석학 책에서 태양별자리가 시작하는 날과 끝나는 날은 대략적인 날짜라는 점을 반드시 기억해 주길 바랍니다. 이 시작하는 날과 끝나는 날을 경계선이라고 하는데, 이 경계선은 다소 혼란스러운 부분이 있습니다. 어떤 천문해석가는 이 기간을 조금 더 길게 보는 경우도 있지만, 어쨌거나 초보자는 헷갈릴 수밖에 없습니다. 그러나 당신이 태어난 날의 태양별자리가 쌍둥이자리라면 아무리 그 날짜가 경계선에 가깝다고 하더라도 쌍둥이자리라고 보아야 합니다. 쌍둥이자리 앞 별자리나 그 다음 별자리의 영향력을 무시할 수는 없지만, 그렇다고 해서 당신을 황소자리나 게자리로 바꿀 정도로 쌍둥이자리의 특성이 가려지지는 않습니다. 특정 별자리에 위치하고 있는 태양의 광채를 약화시킬 수 있는 것은 아무것도 없으며, 경계선상에 태어난 경우 생기는 약간의 변수조차도 태양별자리의 특성을 완전히 바꿀 만큼 강력하지는 않습니다. 당신이 태어난 시간이 경계선에 해당하는지 정확하게 확인하고, 그런 경우라면 약간은 참작하되 그 다음에는 그 사실을 잊어버려도 괜찮습니다.

출생차트란 무엇일까요? 출생차트란 당신이 태어나던 순간에 하늘에 있던 모든 행성들의 위치를 마치 사진을 찍듯이 정확한 수학 계산에 따라 재구성한 지도라고 이해하면 좋습니다. 발광체인 태양과 달을 비롯하여 여덟 개의 행성이 있으며, 당신이 태어나던 순간에 위치한 12개의 별자리와 10개의 별들이 서로 맺고 있는 각도 및 위치가 당신의 삶에 영향을 미치게 됩니다.

예를 들어 당신이 6월 9일에 태어났다면, 태양이 쌍둥이자리에 위치하므로 쌍둥이자리이며 쌍둥이자리 특성 열 가지 중 대략 여덟 가지를 띠게 될 것입니다. 하지만 감정을 주관하는 달이 양자리에 위치한다면 당신의 감정적인 태도는 양자리의 특성이 나타납니다. 지성을 주관하는 수성이 전갈자리에 있다면 당신의 지적 처리 과정은 종종 전갈자리 특성을 나타내며, 언행을 관장하는 화성이 황소자리에 있다면 당신은 황소자리처럼 느리게 말하는 경향이 있을 것입니다. 또한 금성이 염소자리에 있다면 사랑을 비롯한 예술적이고 창조적인 일에서 염소자리와 같은 태도를 보일 것입니다. 그러나 이런 모든 행성들의 위치로 인한 특성도 태양별자리인 쌍둥이자리의 기본적인 특성을 완전히 없앨 수는 없습니다. 다른 행성들의 위치는 당신이 지닌 복잡한 성격에서 나오는 다양한 모습을 다듬어 주는 역할을 할 뿐이랍니다.

당신을 완벽하게 이해하기 위해서는 다른 요소들도 고려해 보아야 합니다. 먼저 당신이 태어난 시간에 여덟 개의 행성과 두 개의 발광체인 태양과 달이 어떤 각도를 맺고 있는지 살펴보아야 합니다. 그 각도에 따라서 해당 별자리의 영향력이 결정됩니다. 하지만 가장 중요한 것은 당신의 동쪽별자리와 동쪽별자리가 태양과 달 그리고 다른 행성들과 맺고 있는 각도입니다. 동쪽별자리는 상승점ascendant 또는 일출점rising이라고도 하는데 당신이 태어난 순간 동쪽 지평선에 있던 별자리를 의미합니다. 동쪽별자리는 신체적인 겉모습에 상당한 영향을 미치고,(물론 태양별자리도 겉모습에 많은 영향을 줍니다.) 태양별자리가 표현하는 지향성의 토대가 되며 당신의 진정한 내면을 구성합니다. 예를 들어 쌍둥이자리인 당신의 동쪽별자리가 물병자리라면 당신은 상당 부분 물병자리 성향을 띠기 때문에, 쌍둥이자리 특성 중에서 당신에게 있을 법한 특이한 성격이나 은밀한 욕망이 잘 드러나지 않는 이유가 궁금해질 것입니다. 모든 출생차트에서 태양별자리 다음으로 중요한 두 가지 요소는 바로 동쪽별자리와 달별자리입니다.

동쪽별자리를 알고 나서 태양별자리와 함께 차트를 해석하면 매우 흥미로운 사실을 깨닫게 됩니다. 바로 자신의 전체적인 성격에 대해 놀라울 정도로 정확하게 설명할 수 있다는 사실입니다. 여기에 세 번째 요소인 달별자리까지 고려해서 해석하면 당신의 성격에 대해 훨씬 더 정교한 그림을 얻게 됩니다.

다음으로 각 영역의 별자리도 고려해야 합니다. 영역은 출생차트에서 수학적으로 계산된 위치로, 당신의 다양한 삶의 분야에 영향을 미칩니다. 모두 열두 개가 있으며 각 영역마다 하나의 별자리가 할당됩니다. 첫 번째 영역은 항상 동쪽별자리의 지배를 받고, 나머지 열한 개는 시계 반대 방향으로 순서대로 위치하면서 열두 별자리를 완성합니다. 천문해석가는 당신이 태어난 정확한 시간과 장소에 근거하여 출생차트를 뽑고, 열두 개 영역에 해당하는 각 별자리들의 의미를 해석하고, 또한 각 영역에 들어가 있는 행성들의 의미를 고려합니다. 앞서 설명한 모든 요소들을 섞어서 당신의 성격, 잠재력, 그리고 과거의 과오와 미래의 가능성을 분석하는 것이 바로 종합적인 천문해석 기술입니다. 이것이 바로 천문해석가들의 시간과 노력 그리고 지식이 필요한 부분입니다. 차트를 계산하는 것 자체는 특정 수학 공식만 적용하면 상대적으로 간단하게 끝나는 일입니다.(최근에는 태어난 날짜, 시간, 장소를 입력하면 간편하게 출생차트를 볼 수 있는 별자리 프로그램이 다양하게 개발되어 있습니다.-역자)

하지만 우리는 결국 이 책에서 주로 다루는 태양별자리 이야기로 돌아갈 수밖에 없습니다. 어떤 면에서는 당신이 쌍둥이자리라고 하는 것은 당신이 뉴욕 출신이라고 말하는 것과 같은 맥락이라고 할 수 있는데 이것이 지나친 일반화는 아니기 때문입니다. 당신의 별자리를 알아내는 일보다 뉴욕 어느 바에서 텍사스 출신을 찾거나 텍사스 어느 식당에서 뉴요커를 찾아내는 일이 더 쉽지 않을까요? 조지 왕조 시대*의 정치가와 시카고 산업

---

* 조지 왕조 시대(Georgian era, 1714~1830): 조지1세~조지4세가 재위했던 영국의 중기와 후기 르네상스 시대.

시대의 사업가 사이에는 상당한 차이가 있지 않을까요? 당연히 매우 분명한 차이가 있습니다.

당신이 텍사스 출신이며 업무상 회의에 곧 참석할 어떤 사람에 대해 얘기하는 중이라고 가정해 봅시다. 누군가 "그 사람 뉴요커야."라고 말하면 즉각적으로 어떤 이미지가 떠오를 것입니다. 텍사스 사람보다는 말이 빠르고 짧을 것이며, 인간 관계에서도 텍사스 사람보다는 덜 따뜻할 것이고, 인사치레 없이 곧바로 사업 이야기로 들어갈 것입니다. 또한 서둘러 계약서에 서명하고 바로 동부로 날아가는 비행기에 몸을 실을지도 모릅니다. 섬세한 구석이 있을 것이고, 정치적인 면에서는 텍사스 사람보다 더 자유분방할 것입니다. 그렇다면 왜 이러한 순간적인 인상이 상당히 맞아떨어지는 것일까요? 왜냐하면 뉴욕 사람들은 빠르게 돌아가는 도시에 살고 있기 때문에 느리게 행동했다가는 지하철에서 자리도 못 잡고 비 오는 날 택시도 못 잡기 때문이지요. 어쩌면 계속해서 어깨나 팔꿈치를 문질러 대는 통에 품위 없어 보일 수도 있으며, 최신 연극도 보고 최고의 박물관에도 가봤을 테니 당연히 취향이 세련될 것입니다. 높은 범죄율과 복잡한 도시 생활로 인해 텍사스 사람만큼 가까운 이웃들에게 따뜻한 관심을 가질 리가 없으니 그의 성격이 다소 냉랭할 거라고 추측할 수 있습니다.

물론 뉴요커 중에 느리게 말하는 황소자리도 있고 천천히 움직이는 염소자리도 있겠지만, 텍사스에 사는 황소자리나 염소자리처럼 느리지는 않을 것입니다. 그렇지 않을까요? 또는 아무리 빨리 말하고 행동하는 쌍둥이자리라 할지라도 텍사스에 사는 쌍둥이자리가 뉴욕에 사는 쌍둥이자리만큼 빠르지는 않을 것입니다. 모든 것이 상대적이랍니다.

자, 그럼 그 사람이 뉴욕에 산다고 칩시다. 그리고 이제 이탈리아 출신이라는 사실도 알아냈다고 가정해 봅시다. 다른 이미지가 그려집니다. 여기에 그가 텔레비전 방송작가라고 한다면 또다른 이미지가 떠오릅니다. 게다가 결혼했고 자녀가 여섯 명이라고 하면 이젠 완전히 새로운 그림이 나타납니다. 그러므로 (비록 이것이 유추이고 모든 유추가 불완전하기는 하지만) 그가 뉴요커라고 말하는 것은 그가 쌍둥이자리라고 말하는 것과 유사하고, 다른 정보들은 그의 달별자리가 처녀자리이고 동쪽별자리가 전갈자리라는 것과 상응합니다. 하지만 추가 정보 없이 그가 뉴욕에 산다는 사실 하나만으로도, 그가 어느 도시 출신인지 모를 때보다는 훨씬 나은 상황에 있는 것이지요. 같은 방식으로 출생차트 없이 어떤 사람이 쌍둥이자리인지 사자자리인지 아는 것만으로도 불같은 성격의 사수자리를 대하고 있는지 현실적인 황소자리를 대하고 있는지 전혀 모를 때보다는 그 사람에 대해 많은 정보를 갖고 있는 셈입니다.

상세한 출생차트는 사람의 성격에 대해 보다 자세한 내용을 명확하게 드러내 줍니다. 출생차트를 보면 그의 삶 속에 녹아 있는 약물 중독, 자유분방한 성행위, 불감증, 동성애, 일부다처제, 정서장애, 가족으로부터의 소외, 또는 가족에 대한 집착, 숨겨진 재능, 경력 또는 부자가 될 수 있는 잠재성 등에 대해 두드러진 경향을 알수 있습니다. 또한 정직과 부정직, 잔인함, 폭력, 두려움, 공포와 정신적 능력에 대한 경향도 분명하게 보여 줍니다. 이와 더불어 인생의 시기에 따라 일시적으로 두드러지는 성향도 잘 보여 줍니다. 뿐만 아니라 사고나 질병에 대한 민감함이나 면역력도 나타나고, 알코올, 섹스,

일, 종교, 자녀, 로맨스 등에 대한 숨겨진 태도 또한 드러나는 등 그 리스트는 무궁무진합니다. 정확하게 계산된 출생차트에 비밀이란 있을 수 없습니다. 개인의 자유의지가 경험하고자 하는 본인의 결정을 제외하고는 말이지요.

그러나 이렇게 완벽하게 분석하지 않더라도 누구나 태양별자리에 대한 이해만으로도 얻는 지식이 있으며, 태양별자리에 대한 지식은 우리가 서로에게 보다 더 관대할 수 있도록 해 줍니다. 상대방의 태도가 인간의 본성에 얼마나 깊이 뿌리 내리고 있는지 이해하고 나면, 당신은 그들의 행동에 대해 보다 더 동정심을 느끼게 됩니다. 태양별자리를 알고 나면, 냉정하고 균형 잡힌 전갈자리 부모가 보기에 불안하고 안절부절못하는 쌍둥이자리 아이가 실제로는 민첩하고 영리한 아이라는 사실을 깨닫고 인내심을 갖게 됩니다. 외향적인 학생은 내성적인 교사를 이해하게 되며 외향적인 교사는 내성적인 학생을 이해하게 됩니다. 처녀자리가 모든 머리카락을 한 올 한 올 가지런히 정리해야 하고 문제들을 철저히 조사하며 해결하기 위해 태어났다는 점을 이해하면 그들의 까다로움도 참을 수 있게 됩니다. 너무 바빠서 감사할 이유를 찾지 못하고 어디로 가고 있는지 알아채지 못하며 남의 발을 밟고 서 있어도 알아차리지 못하는 사수자리의 경솔함은 말할 것도 없습니다. 사수자리가 어떤 희생을 치르더라도 진실을 말할 수밖에 없는 사람이라는 사실을 알게 되면 그들의 솔직함에 상처를 덜 받게 됩니다.

염소자리 친구가 당신이 건넨 선물에 일언반구의 감탄사도 내뱉지 않아도 당신은 심하게 상처받지 않을 것입니다. 염소자리는 마음속으로 깊이 고마워해도 그 기쁨을 공개적으로 표현할 줄 모르는 사람들이라는 것을 알고 있으니까요. 염소자리가 타인에게뿐 아니라 스스로에게도 엄격한 원칙을 들이대는 사람들이라는 것을 알면, 의무를 강조하는 그들의 고집 때문에 덜 속상해하게 됩니다. 천칭자리의 끝없는 논쟁과 우유부단함도 단지 공정하고 공평한 결정을 내리기 위해 애쓰는 그들 태양별자리의 특징이라는 것을 알고 나면 보다 더 참을 만합니다. 물병자리가 당신의 사생활을 캐려고 할 때도 그들이 인간의 내적 동기를 조사해 보고 싶은 충동을 주체

할 수 없는 사람이라는 점을 떠올려 보면 그다지 무례하다는 생각은 들지 않을 것입니다.

아주 간혹, 태양별자리는 사자자리인데 행성 대여섯 개가 물고기자리인 사람도 있습니다. 물고기자리의 영향으로 인해 사자자리 특성이 매우 억제되므로 도무지 그의 태양별자리를 추측하기 어려울 수도 있습니다. 하지만 이런 경우는 아주 드물며, 당신이 열두 개 별자리 특성을 모두 잘 알고 있다면 그 사람은 자신의 진정한 본성을 영원히 감출 수 없을 것입니다. 물고기가 아무리 사자를 숨기려고 해도 사자자리 태양별자리는 절대로 완전하게 가려질 수 없으며, 당신은 그 사람이 부지불식간에 드러내는 사자자리 특성을 잡아 낼 수 있을 것입니다.

태양별자리를 파악하려고 할 때 표면만을 대충 보고 판단하는 실수를 절대로 범해서는 안 됩니다. 염소자리라고 해서 모두 온순한 것은 아니고, 사자자리라고 해서 모두 외견상으로 타인을 지배하려고 하지도 않을 뿐더러 처녀자리라고 해서 모두 처녀는 아닙니다. 가끔 예금 통장을 여러 개 가지고 있는 양자리도 있고, 조용한 쌍둥이자리도 있으며, 심지어 실용적인 물고기자리도 있습니다. 당신의 눈을 사로잡는 한두 가지 특징 그 이상을 보아야 합니다. 화려하게 치장한 염소자리가 사교계 명사들의 인명록을 힐끔거리는 순간을 포착해야 하고, 수줍은 사자자리가 자신의 허영심이 무시당했을 때 입을 삐죽거리는 모습도 볼 수 있어야 합니다. 드물게는 경박한 처녀자리가 단지 싸다는 이유만으로 살충제를 한 상자나 사는 장면도 목격하게 될 것입니다. 조용한 쌍둥이자리여서 말은 빠르지 않을 수 있지만 머리는 제트기 같은 속도로 회전하고 있을 수도 있고, 예외적으로 검소한 양자리라도 은행에 갈 때는 선홍색 코트를 입고 불친절한 은행원에게 말대꾸를 할 수도 있습니다. 그리고 아무리 실용적인 물고기자리라도 시를 쓰거나 추수감사절 때마다 여섯 명의 고아를 초대하기도 할 것입니다. 눈을 크게 뜨고 잘 보면 어떤 별자리도 자신을 온전히 감출 수 없습니다. 심지어 애완동물도 태양별자리의 특징을 여과 없이 보여 준답니다. 처녀자리 고양이의 밥그릇을 낯선 곳에 옮겨 놓거나 사자자리 강아지를 무시하는 일이 없기를 바랍니다.

유명 인사나 정치인, 문학 작품 속의 주인공들을 대

상으로 별자리를 맞혀 보는 것도 재미있습니다. 그들의 별자리가 무엇인지 추측해 보거나 그들이 어떤 별자리 특징을 대변하고 있는지 짐작해 보세요. 이런 작업을 통해 당신의 천문해석학적인 재치는 더욱 예리해질 것입니다. 만화책의 주인공들도 시도해 볼 만한 대상들입니다. 찰리 브라운은 분명히 천칭자리일 것이며, 루시의 경우에는 동쪽별자리는 양자리이고 달별자리는 처녀자리에 태양별자리가 사수자리일 확률이 높습니다. 스누피는 누가 봐도 물병자리 개입니다. 희한한 스카프를 두르는가 하면 제1차 세계대전 당시의 비행기 조종사 헬멧을 쓰고 개집 위에서 붉은 남작*에 대한 상상의 나래를 펼치고 있는 걸 보면 틀림없습니다.(또한 해왕성과 충돌 각도를 맺고 있을 것입니다.) 이런 식으로 직접 누군가의 별자리를 생각해 보면 그 재미가 제법 쏠쏠합니다. 하지만 이보다 더 중요한 것은 태양별자리 맞히기 게임을 할 때 매우 진지하고도 유용한 것을 배우게 된다는 점입니다. 사람

---

* 붉은 남작(Red Baron): 제1차 세계대전 당시 전투기 80여 대를 격추한 독일 공군의 에이스 리히트호펜(Richthofen, 1892~1918)의 닉네임이다.

들의 숨겨진 꿈과 비밀스러운 소망과 참된 성격을 어떻게 인식할 것이며, 그들을 좋아하는 법과 그들이 당신을 좋아하게 만드는 법 그리고 당신이 알고 있는 그들을 제대로 이해하는 법을 터득하게 될 것입니다. 당신이 그들 마음속에 숨어 있는 무지개를 찾아 나설 때, 세상이 더 행복해지고 사람들이 더 멋져 보이게 됩니다.

인생에서 가장 중요한 부분은 타인을 제대로 이해하는 것 아닐까요? 링컨 대통령이 이런 점에 대해 아주 간단하고 명백하게 말한 적이 있습니다.

"문명의 가장 중요한 기능은 서로 익숙하지 않은 사람들 사이에서 의도하지 않은 적대 관계로 인해 발생하는 크고 작은 인간의 사악함을, 국가적으로 또는 개인적으로 바로잡는 것이다."

지금 당장 태양별자리 공부를 시작하고 터득한 내용을 신중하게 적용해 보세요. 당신이 사람들 본연의 모습을 하나씩 벗겨 낼 때마다 사람들은 당신에게 어떻게 그런 새로운 통찰력이 생겼는지 궁금해할 것입니다. 실제로 열두 개 태양별자리를 이해하는 것만으로도 당신의 삶을 바꿀 수 있습니다. 당신은 지금 단 한 번도 마주친 적이 없는 미지의 사람들을 이해하기 위한 여정을 시작하려고 합니다. 하지만 머지않아 당신은 친구들은 물론이고 낯선 이들도 더 가깝게 느끼게 될 것입니다. 정말로 멋진 일 아닌가요?

당신을 알게 되어 행복합니다.

린다 굿맨

물병자리

Aquarius,
the Water Bearer

1월 21일부터 2월 19일까지

지배행성 – **천왕성**

저녁밥 때 나긋알랑대는 토브들이
해변밭을 빙글뱅글거리며 이리저리 뚫었네.
보로고브들은 모두 우울침울해하고
집 떠나온 래스들은 끼익꺼억꺽 울었네.

물병자리를 알아보는 방법

~~

"숲이 푸르게 물드는 봄에
내 무얼 의미하는지 네게 말해 주리.
낮이 길어지는 여름에
너는 아마도 노래를 이해하게 되리라."

"왜냐하면 이것이
다른 사람들에게는 비밀이니까,
너와 나만 아는 비밀."

무지개를 좋아하는 사람들은 많습니다. 아이들은 무지
개를 보며 소원을 빌기도 하고, 화가들은 그림을 그리
고, 몽상가들은 무지개를 쫓아갑니다. 하지만 물병자리
는 이보다 한 술 더 떠서 바로 무지개 위에서 살아갑니
다. 게다가 무지개를 하나하나 분리해서 조각조각 색색
별로 조사하면서도, 여전히 무지개에 대한 환상을 믿습
니다. 실체가 무엇인지 알고 나서도 그것의 환상을 믿기

란 쉽지 않은 일이죠. 비록 물병자리의 주소지는 미래이고 우편번호는 하늘 저편이지만, 그들은 본질적으로 현실주의자입니다.

물병자리 작가 루이스 캐럴 때문에 이상한 나라의 미로 속에 빠져서 어리둥절했던 앨리스처럼, 여러분도 천왕성인들의 예상치 못한 모습에 늘 대비해야 합니다. 물병자리는 대체로 천성이 친절하고 평온하지만, 대중적 의견에 도전하는 것을 즐기기 때문에 가끔은 의외의 행동으로 보수적인 사람들을 놀라게 합니다. 일상 생활에서는 온화한 말투와 예의바른 태도를 보이는 이 사람들은, 가장 예상치 못한 순간에 가장 놀라운 말과 행동으로 갑자기 당신에게 전기 충격을 줄 수도 있습니다. 전형적인 물병자리는 반은 슈바이처 박사이고 반은 미키마우스라고 할 수 있습니다. 신발은 샌들, 장화, 정장 구두, 편한 로퍼 등 어떤 것이든 신을 수 있지만, 때와 장소에 맞는지는 좀처럼 따지지 않습니다. 기분에 따라서는 맨발로 나타날 수도 있는데, 그들은 그런 모습을 비웃는 당신을 거꾸로 비웃어 줄 것입니다. 물병자리는 획일성에 대한 반감을 드러내기 위해 의도적으로 이상한 복장을 할 때가 자주 있습니다.

　유지하는 성향의 공기 별자리인 물병자리는 '친구'라는 말을 즐겨 쓰는 것 때문에 티가 나기도 합니다. 물병자리였던 프랭클린 루스벨트 대통령은 "벗이여……."라는 말로 특유의 노변한담을 시작하는 경우가 많았으며, 전형적인 물병자리는 연애 관계가 깨지고 난 후에 여전히 친구로 지내면 안 되는지 물어봅니다. 물병자리는 쉽게 질리지도 않고 순진하지도 않으며, 지나치게 열정적이거나 너무 심드렁하지도 않습니다. 계속되는 실험에도 불구하고 여전히 다음에는 어떤 미스터리를 경험할지 호기심을 가지는데, 그 미스터리는 바로 당신이 될 수도 있습니다. 정신이 지구 반대편에 가 있는 것처럼 보이거나 또는 투명한 현미경으로 당신을 구석구석 분석하고 있는 것처럼 보이는 그 사람은 아마도 물병자리일 것입니다. 당신에 대해 강렬하고 호기심 가득 찬 애정을 보이지만, 주변에 있는 경찰이나 바텐더, 호텔 벨보이, 밤무대 가수의 개인적인 삶에도 당신에게 보였던 것과 똑같은 관심을 가지고 있다는 것을 알게 되면 당황스러울 수도 있습니다. 정치에 매력을 느끼고, 스포츠에도 빠져들며 어린아이들에게도 호기심이 많습니다. 말을 봐도 그렇고, 자동차, 노인, 의학적 발견, 작가, 우주 비행사, 알코올 중독자, 피아노, 바람개비, 기도에도 관심이 많으며, 야구와 루이 암스트롱은 말할 것도 없습니다. 이 대열에 끼어들기 전에 자존심부터 쓰레기통에 던져 버리지 않으면 무심한 물병자리의 태도 때문에 상처를 입을 수 있습니다.

낯설고 멍한 눈빛, 남들은 이해하지 못하는 신비한 지식을 알고 있는 듯한 눈빛을 찾아보세요. 물병자리의 눈빛은 흐릿하고 꿈꾸는 듯하며 허공을 맴도는 듯한 느낌이 있으며, 항상 그렇지는 않지만 푸른색이나 녹색 또는 회색 눈동자가 많습니다. 머리카락은 곧고 부드러운 금발이나 엷은 갈색 계열이 많습니다. 피부는 창백하고 키는 평균보다 큰 편입니다.(물론 동쪽별자리에 따라 외모가 달라집니다.) 또한 얼굴에서는 귀족적인 느낌이 두드러지는데, 이목구비가 또렷해서 오래된 금화에 새겨져 있는 로마 황제의 얼굴을 떠올리게 합니다. 전형적인 물병자리는 무슨 문제에 대해 생각할 때 자주 고개를 숙이는 경향이 있으며, 무언가 질문을 하고 나면 상대방의 반응을 기다리면서 고개를 갑자기 앞으로 내민다거나 옆으로 갸우뚱하는 경향이 있습니다. 천왕성의 중성적인 에너지 덕분에 희한하게도 남성에게는 도톰한 입술과 같은 여성적인 특징이, 여성에게는 넓은 어깨와 같은 남성적인 특징이 나타나기도 합니다.

자유를 사랑하는 천왕성인들은 매우 웃기고 삐딱하고 독창적이며, 자만심이 강하고 독립적이며, 또 한편으로는 외교적이고 부드럽고 동정심이 많으며 소심하기도 합니다. 물병자리는 거의 필사적으로 사람들과 어울리고 싶어 하고 친구들을 많이 사귑니다. 그러다가도 우울하고 시무룩해져서는 철저하게 혼자 있고 싶어 하기도 합니다. 하지만 사람들과 함께 있든 혼자 있든 간에 항상 누구보다 훨씬 깊고 빠르고 예리한 통찰력이 있습니다. 천왕성의 기운 때문에 타고난 반항아 기질을 가진 물병자리는 본능적으로 오래된 관습은 모두 잘못되었다고 생각하며, 극적이고 혁명적인 변화야말로 이 세계와 사람들에게 필요한 것이라고 생각합니다.(그러나 정치 쪽에 몸담고 있는 경우라도 자신의 이런 생각을 순진하게도 공공연하게 발표해서 자신의 전략을 망칠 만큼 어리석지는 않습니다.)

이러한 기질 때문에 물병자리는 항상 주변 상황과 친구들, 그리고 낯선 이들을 분석합니다. 물병자리가 당신의 개인적인 생각을 캐내기 위하여 단도직입적으로 질문을 해 대면 당신은 불안한 느낌이 들 수도 있습니다. 상대방의 생각이 별로 복잡하지 않다는 것을 알고 나면 물병자리는 곧 싫증을 느끼거나 가끔은 화를 내기도 합니다. 물병자리가 직전까지 당신이 이 세상에서 가장 중요한 사람인 것처럼 굴다가 그 현미경 조사가 끝나자마자 다른 사람에게 관심을 두는 모습을 보면 모욕감까지 느끼게 됩니다. 제법 마음이 쓰리지요.

우정에 그렇게 집착하면서도 물병자리는 친한 친구가 많지 않습니다. 사람들과의 관계에 있어서 질보다 양을 추구하며 관계를 오래 유지하는 경우가 드뭅니다. 한두 사람과 독점적인 관계를 유지하기에는 주변에 새로운 관심거리가 너무 많습니다. 이렇게 개인 감정을 섞지 않는 물병자리에게 감정적으로 호소하는 것은 별로 의미가 없지만, 물병자리의 마음에 무언가 감동을 준다면 (단순한 감정과는 다른 것입니다.) 그들은 자전거에서 내려 자신이 무엇을 놓쳤는지 보러 돌아올 것입니다.

물병자리에게는 뭔가 독특한 고립된 느낌이 있어서 사람들은 종종 그들을 오해합니다. 아직 세상 사람들이 물병자리의 유토피아를 따라잡지 못해서 그렇습니다. 물병자리는 미래에 살면서 아주 가끔씩만 현재로 돌아오기 때문에, 평범한 사람들에게는 그저 괴짜로 보일 수도 있습니다. 물병자리도 이런 것을 느끼기 때문에 고립감을 더 깊게 만듭니다. 하지만 물병자리는 사람들이 자신을 이해하지 못한다고 해서 뒷걸음질 칠 이유는 없다고 생각합니다. 그들은 자신의 고독한 구름 속에서 방황하고, 우리처럼 평범한 사람들은 물병자리가 저 멀리서 무엇을 하고 있는지 궁금해합니다. 천문해석학에서는 '물병자리가 생각하는 것을 세상은 50년 뒤에야 생각할 것이다.'라고 가르칩니다. 맞는 말일 수는 있지만 그렇다고 해서 물병자리와 오늘을 살아가는 나머지 사람들 사이의 간극을 좁혀 주지는 않지요. 물병자리는 천재의 별자리라고 알려져 있으며 실제로 명예의 전당에 오른 사람들 중 70퍼센트가 넘는 사람들이 태양별자리가 물병자리이거나 동쪽별자리가 물병자리입니다. 반면에 정신병원에 수감되거나 혹은 심리치료를 정기적으로 받는 사람들 중 많은 수가 또한 물병자리라는 사실에 주목할 필요가 있습니다. 천재와 정신질환자는 종이 한 장 차이라는 말이 있듯이, 여러분의 물병자리 친구들도 가끔은 이 둘 중에 어느 쪽에 해당하는지 궁금해질 때가 있을 것입니다. 이러한 혼동의 원인은 대부분 사람들이 물병자리의 예언을 경시하는 경향이 있기 때문입니다. 익히 알려져 있듯이 '사람들은 풀턴*과 그의 증기선을 비웃었다.'라든가 '사람들은 에디슨이 학습 지체라고 생각했다', 또는 '사람들은 루이 파스퇴르**를 가두고 싶어 했다.'라는 말들은 고차원적 사고 능력이 있는 물병자리에 대한 이 물질세계의 반응을 잘 나타내 줍니다.

물병자리는 냉담하고 실용적이면서도 심리적으로 불안정하고 호기심 많은 사람들이어서 지적 장애를 겪고 있는 사람들과 본능적으로 공감대를 형성하는 것 같습니다. 거의 모든 물병자리가 정신질환자들과 조용하게 얘기를 나누는 것만으로도 환자의 불안을 상당히 진

---

* 로버트 풀턴(Robert Fulton, 1765~1815)： 미국의 기계기사로 증기선을 발명했다.
** 루이 파스퇴르(Louis Pasteur, 1822~1895)： 프랑스의 미생물학자로 탄저병 백신을 발명했다.

정시킬 수 있다는 것은 상당히 흥미로운 사실입니다. 또한 히스테리를 일으킨 사람들을 진정시키거나 놀란 아이들을 달래는 놀라운 재주가 있습니다. 물병자리가 아주 얇은 두께의, 극도로 예민한 신경계를 가지고 있기 때문에 그렇게 깊이 이해할 수 있는 것 아닐까요?

물병자리는 세계관이 아주 넓기 때문에 출생차트 상에 충돌 각도가 있지 않는 한 가치관이 편협한 경우가 거의 없습니다. 가치관이 편협한 경우라도, 그 점을 지적하면 큰 충격을 받을 것입니다. 물병자리는 인류애적인 본능이 몹시 강하기 때문에 가끔 편협하다는 비난을 듣더라도 본인은 전혀 그렇다고 생각을 하지 못할 뿐만 아니라, 그렇게 낙인찍히는 것도 몹시 싫어합니다. 그들에게는 당연히 모든 사람들이 형제자매입니다. 부자나 가난한 사람들이나 모두 똑같이 찾아다니면서 자신의 상징인 물병을 들고 지식의 물을 모아서 사람들에게 쏟아 줍니다. 깜빡 겨울잠에 빠질 때만 제외하고요. 하지만 이런 겨울잠은 오래 가지 않습니다. 당신이 그리워하기도 전에 물병자리는 다시 나타나 사람들 사이를 즐겁게 돌아다닙니다. 그 고독을 방해하지 마세요.

혼자 있고 싶어 할 때에는 혼자 있어야 합니다. 가끔은 전화번호를 아예 바꿔 버리기도 하지만 영원히 사람들과의 관계를 끊지는 않습니다. 주소지도 바꾸지 않습니다. 절대로 사람들과 오랫동안 의절하고 살 수는 없습니다. 그냥 무시하고 있으면 예전처럼 다시 초롱초롱하고 호기심 많은 눈빛을 하고 주변을 활보하고 다닐 것입니다.

일반적으로 물병자리와 정확한 약속을 잡기는 쉽지 않습니다. 물병자리는 정해진 시간에 해야 하는 구체적인 일이나 의무 때문에 꼼짝 못하는 것을 싫어하기 때문에, 약속을 느슨하게 잡고 싶어 합니다. 약속 시간을 구체적으로 정하기보다는 "화요일쯤 보자."라는 식으로 말하는 것을 좋아합니다.(가끔은 그 화요일은 돌아오는 화요일이 아니라 그 다음 주 화요일을 의미하기도 합니다.) 하지만 일단 당신이 구체적인 시간과 장소에서 미팅 약속을 잡는 데 성공하고 나면, 물병자리는 반드시 그 시간과 장소에 정확하게 나타납니다. 믿으셔도 됩니다. 심지어 그가 나타나는 순간에 당신의 시계를 맞춰도 될 정도라서, 당신도 약속에 늦지 않는 것이 좋습니다. 물병자리는 중간에 납치를 당하지 않았다면 정시에 나타날 것입니다.(실제로 물병자리에게는 그런 일이 발생할 수 있습니다. 언제 어디서든, 말 그대로 어떤 일이라도 일어날 수 있답니다.)

물병자리는 자신의 의견을 솔직하게 말하는 편이지만, 그렇다고 해서 당신이 어떻게 생각해야 하는지 어떻게 인생을 살아가야 하는지에 대해 자신의 주장을 강요하지는 않습니다. 반대로 그는 자신이 어떻게 생각해야 하는지 어떻게 살아야 하는지에 대해 당신이 이래라저래라 간섭하게 놔두지 않습니다. 양자리나 사자자리 또는 쌍둥이자리와는 달리, 물병자리는 자신의 아이디어를 타인에게 강매하려는 의도가 전혀 없습니다. 물병자리의 철학은 누구나 자신의 생각과 꿈이 있다는 것입니다. 누구나 자신의 음악에 맞춰 춤을 추고 그 개성을 존중해야 합니다. 세상은 현재 물병자리 시대에 들어와 있고, 그 시대를 알려 준 것이 히피족과 위대한 스승들이라는 점은 매우 흥미롭습니다. 조금 과장해서 말하자면 그것이 바로 물병자리의 이상인 것입니다. 평등, 인류애, 사랑, 자기 방식대로 살기, 진실 추구, 실험, 그리고 명상이 바로 그들의 이상입니다.

　물병자리가 대의명분을 위해 맹렬하게 투쟁하는 모습은 좀처럼 찾아볼 수 없습니다. 그들은 자기 스타일대로 살고 그걸로 충분하다고 느낍니다. 양자리, 전갈자리, 사자자리, 사수자리는 억압받는 사람들을 해방시키기 위해 칼을 들고 명예롭게 싸웁니다. 하지만 천왕성이 지배하는 영혼들은 혁명의 원인을 파악하고 사람들의 문제를 들어 주고 동정 어린 이해심을 공유하느라고 너무 바쁩니다. 그들은 급진적인 변화가 필요하다고 믿으면서도 폭력은 다른 이들에게 맡깁니다. 그들이 도덕주의자이거나 비겁해서 그런 것이 아닙니다. 물병자리는 전투에는 적합하지 않은 사람들입니다. 자신도 모르는 사이에 싸움에 휘말렸다면 혼란스러운 상태에서 무턱대고 주먹을 휘두르거나, 아니면 상대방에게 얼른 동의를 해 주어 그 다툼을 끝내려고 합니다. 물병자리가 어떻게 대응할지는 예측이 불가능하지만, 한 가지는 확실합니다. 그 다음날이 되면 바로 예전처럼 요지부동이 된다는 점입니다. 토론을 잘하는 사람이라면 물병자리를 잘 이용할 수 있습니다. 물병자리는 지식을 겨룰 때 관심이 추상적인 생각 쪽으로 쉽게 흘러가 버리기 때문입니다. 물병자리는 모자가 있을 때 가장 잘 싸웁니다. 모자를 쓰고는 그냥 떠나 버리기 때문입니다. 하지만 확신이 있을 때에는 불쾌하게 대립하는 것을 싫어함에도 불구하고 그 진실을 존중하는 마음이 조금도 흔들리지 않습니다. 주변에서 폭탄이 터지는 상황이라고 해도, 아무리 세상이 윽박지르고 감정적으로 억압한다고 해도 그들은 자신의 독립적인 생각을 확고하게 밀고 나갑니다. 미국의 두 물병자리 대통령, 링컨과 루스벨트는 이러한 원칙을 완벽하게 보여 주는 사람들입니다. 두 사람 모두 아주 독창적이면서도 전혀 대중적이지 않은 개념을 도입했습니다. 자신의 이론을 공격적으로 밀어붙이지도 않으면서, 협조를 얻기는커녕 극심한 반대에 부딪히는 상황에도 불구하고 전면적인 개혁을 이루어 냈지요.

물병자리가 사람들의 적대적인 비판을 자주 불러일으키는 또다른 이유는 그들이 사람들을 놀라게 하기 때문입니다. 그들은 사람들을 서쪽으로 이끌다가도 갑자기 아무런 예고 없이 방향을 틀어 동쪽으로 행진합니다. 물병자리는 자신이 무슨 생각을 하는지 사람들에게 알리지 않으려고 하는 고집이 있습니다. 제가 아는 친구의 물병자리 아버지는 몇 주 동안이나 아내가 가스레인지가 작동하지 않는다고 불평했지만 전혀 개의치 않았습니다. 아내의 절망적인 기색에도 그저 신문에만 파묻혀 있었습니다. 그러던 어느 날, 트럭 한 대가 집 앞에 도착하더니 두 남자가 가스레인지를 주방으로 가져와 연결하는 것이었습니다. 아내는 남편의 행동을 전혀 예상하지 못했다고 합니다.

물병자리가 사람들을 믿는다는 것은 자연스럽게 되는 일이 아니라서, 우선 그들은 당신의 의도와 심지어 가능하다면 영혼까지도 면밀히 조사하려고 합니다. 상대의 모든 말과 몸짓을 분석하려고 하는 물병자리를 마주하고 있는 사람은 차분해지기가 쉽지 않습니다. 그가 당신의 모든 것을 꿰뚫어 보고 마음속에 차곡차곡 쌓고 있다는 느낌을 받게 되며, 실제로도 그렇습니다. 가끔은 안개 속에 있는 것처럼 몽롱해 보일 때도 있지만, 사실 당신의 속눈썹이 몇 개인지도 말할 수 있을 정도로 의식은 또렷합니다. 물병자리가 당신을 얼굴만 보고 평가할 거라고 생각하면 오산입니다. 아무리 예의바른 물병자리라도 당신을 머리에서부터 발끝까지 천왕성의 광선을 비추어서 훑어봅니다. 당신의 표정 뒤에 무엇이 있는지 알고 싶어 하고 그것을 알아내기 위해 상당히 당혹스러운 질문도 서슴지 않을 것입니다. 하지만 일단 물병자리가 당신을 받아들이고 나면 아주 충실한 친구가 되며, 아무리 안 좋은 소문을 듣는다고 해도 당신과의 우정에는 흔들림이 없을 것입니다. 당신의 진실한 친구라면 당신의 적들이 그에게 아무리 고약한 이야기를 속삭이더라도 절대로 믿지 않을 것입니다. 물론 단순한 호기심에서 그들이 도대체 무슨 이야기를 하는지 듣기는 할 것입니다. 하지만 걱정하지 마세요. 물병자리는 자신의 최종적인 분석에 따라 결론을 내리니까요.

물병자리는 주로 순환기 계통과 관련 있는 질병을 앓을 수 있습니다. 겨울에는 추위 때문에 고생하고, 여름에는 습기 때문에 고생합니다. 부정적인 감정을 많이 쓰면 나이가 들어서 정맥류나 동맥경화로 고생하기 쉬우며, 다리 부위에서 특히 정강이나 발목 쪽에 사고를 당할 위험이 있습니다. 발목뼈가 약한 경우가 많으며 순환이 잘 안 되기 때문에 다리에도 통증이 있을 수 있습니다. 자주 목이 아프거나 가끔은 가슴이 두근거리는 현상이 있을 수 있지만, 출생차트에 심각한 충돌 각도가 있지 않는 한 대체로 위험하지는 않습니다. 물병자리는 신선한 공기를 많이 마시고 잠을 충분히 자고 운동도 해야 하지만 대체로 이러한 치료법을 잘 활용하지 않습니다. 주로 창문을 닫아 놓고 담요를 뒤집어쓰고 앉아서 계속 춥다고 투덜거리기 때문에 신선한 공기를 자주 마실 수가 없습니다. 물병자리의 두뇌 활동에 항상 따라다니는 예민한 긴장감 때문에 충분한 숙면을 취하지 못하거나, 숙면을 취해도 종종 이상한 꿈 때문에 고생합니다. 아주 어린 시절부터 동네에서 아이들과 어울려 야구 같은 스포츠를 하면서 운동에 대한 흥미를 계발하지 않는다면 물병자리는 운동장을 뛰는 것은 물론이거니와 빨리 움직이는 것조차 힘들어할 것입니다. 물병자리의 두뇌는 계속 운동을 하고 있지만 물병자리의 몸을 움직이게 하는 것은 쉽지 않습니다. 물병자리의 건강 상태는 진단 불가능한 아주 이상한 통증을 제외하고는 아주 양호합니다. 하지만 진짜 문제는 나이가 들어 고집이 점점 세지면서 발생합니다. 물병자리는 최면에 아주 약합니다. 많은 물병자리들이 이것을 직관적으로 알고 있기 때문에, 돈이나 사랑이라는 최면에 걸리지 않으려고 합니다. 하지만 이것은 한편으로는 잘못된 태도인데, 실력 있는 최면술사에게 치료를 받으면 물병자리의 수많은 공포증을 없앨 수 있기 때문입니다. 물병자리는 전기치료에도 민감하게 반응하기 때문에 마찬가지로 좋은 효과를 볼 수 있습니다.

물병자리는 기억력이 별로 좋지 않지만, 사실 기억을 많이 할 필요가 없습니다. 일종의 보이지 않는 안테나를 이용해서 공기 중에서 지식을 습득하는 것처럼 보이기 때문입니다. 필요한 것이 있으면 무엇이든 안테나를 통해서 지식을 빨아들일 수 있는데 뭐 하러 필요하지도 않은 잡동사니 지식으로 머리를 채우겠어요? 장을 보러 갔다가도 가장 중요한 품목을 잊고 올 확률이 높습니다. 그런 것들을 기억하는 것이 그들에게는 전혀 중요하지 않기 때문입니다. 물병자리의 전형을 보여 주던, 건망증이 심각한 전설적인 교수가 한 명 있습니다. 그 교수는 낮 12시에 시내 어느 호텔 앞에서 아내를 만나기로 했습니다. 그런데 약속 시간보다 일찍 도착한 교수는 거기서 오랜 친구와 마주쳤습니다.(물병자리는 항상 오래된 친구와 우연히 마주치곤 합니다. 아프리카에 있든 북극에 있든 이들은 종종 아는 사람을 만나게 됩니다.) 그 물병자리 교수는 아내가 도착해서 미소를 지으며 다가오는데도 친구와의 대화에 완전히 몰두해 있었습니다. 아내가 옆에 다가왔을 때에도 박사는 무표정하게 아내를 쳐다보더니 정중하게 까닥 인사를 하고는 다시 친구 쪽으로 돌아섰습니다. 박사는 친구와 팔짱을 끼고 걸어가면서 대화에 심취해서는, 분노에 떨고 있는 아내를 모퉁이에 그대로 세워 둔 채 완전히 잊어버린 것입니다.

　　물병자리의 집중력은 엄청난 위력을 발휘할 수 있습니다. 하지만 마음만 먹으면 언제든지 주변에서 일어나는 일들을 마치 레이더처럼 검색해서 파악할 수 있지요. 아주 복잡한 토론에 참가하면서도 마음만 먹으면 다른 한쪽 구석에서 어떤 일이 벌어지고 있는지 분위기를 파악할 수 있습니다. 가끔은 그가 당신이 하는 말에 전혀 관심을 두고 있지 않는 줄만 알았는데 그 다음날 당신이 했던 말을 마치 녹음기처럼 똑같이 반복하는 경우도 있습니다. 물병자리가 전혀 의식을 하지 못하는 것처럼 보여도 지식을 흡수하는 놀라운 힘이 있다는 사실을 절대로 과소평가하면 안 됩니다. 비록 가끔은 너무 집중한 나머지 제 친구처럼 아내를 길거리에 혼자 내버려 두고 가서 살인이 날 뻔한 일도 있지만요.

물병자리가 생각하는 것은 항상 미래에 대한 단서가 됩니다. 특별히 노력하지 않아도 미지의 세계에 빠져들고 신비한 비밀에 다가갈 수 있는 이상한 물병자리의 능력 때문에 독특한 직감력이 생기고 이로 인해 고도의 예지 능력도 생깁니다. 제가 아는 어떤 물병자리는 전화벨이 울리기도 전에 전화가 올 것이라는 것을 느끼고, 심지어 누가 전화를 걸었는지도 미리 압니다. 링컨 대통령도 자신의 죽음에 대해 놀라울 정도로 상세하게 예감했던 것으로 알려져 있습니다. 거의 모든 물병자리는 당신의 마음속 의도를 간파하는 예민하고도 독특한 능력이 있습니다. 말을 하지도 않았는데 물병자리는 당신조차 모르고 있었던 내면 깊은 곳의 욕구를 이해합니다. 이런 신비한 짐투 능력을 이용해서 물병자리는 자신의 생각을 보이지 않는 전류에 실어 전달할 수 있습니다. 심지어 뒤돌아 서 있어도 이런 신기한 과정을 통해 강한 감정을 투사할 수 있습니다. 전화 통화 도중에 한동안 말이 없으면 당신은 그 친구가 잠들어 버렸나 생각하겠지만 사실은 파동을 보내고 받는 중입니다. 어떤 물병자리는 전보를 보낼 때 우체국이 필요 없답니다.

하지만 물병자리의 사고에는 미신적 요소가 전혀 없습니다. 정비공이든 음악가든 간에 물병자리는 진정한 과학자의 태도를 취하며, 예리한 두뇌가 진행하는 시험을 통과할 때까지는 끝날 때까지는 함부로 결론을 내리지 않습니다. 그럼에도 불구하고, 일단 어떤 의견을 형성하고 나면 그것은 머릿속에 확고하게, 아주 확고하게 자리 잡습니다. 사회와 정부의 변화를 열렬하게 지지하면서도, 정작 자신의 생각을 조금도 바꾸려고 하지 않습니다. 세상의 발전에 대해서는 완전히 마음을 열고 있지만, 정작 자신의 태도에 있어서는 앞뒤가 꽉 막혀 있으며 의외로 보수적인 면이 있습니다. 물병자리의 자유주의에는 한계선이 그어져 있음을 알 수 있죠.

물병자리는 거짓말과 사기를 혐오하며, 물건을 빌려 주거나 빌리는 것을 가급적 피하려고 합니다. 돈을 그냥 선물로 당신에게 줄 수는 있지만 이들에게 돈을 빌려 달라고는 하지 마세요. 혹시 주변의 물병자리 친구에게 급하게 돈을 좀 빌려 달라고 한 적이 있는지요? 그 친구는 의외로 흔쾌히 돈을 빌려 주겠다고는 하겠지만 반드시 최대한 빨리 돈을 갚도록 하세요. 약속을 지키지 않거나 빚을 지면 두 사람 사이의 우정에 심각한 금이 갈 수 있답니다. 물병자리는 약속을 잘 지키고, 채무 관계도 확실히 하며, 남들에게도 동일한 것을 기대합니다. 당연히 외상 거래도 별로 좋아하지 않고 신용카드는 더더욱 싫어합니다. 하지만 이렇게 정직함을 좋아하는 물병자리의 태도는 가끔 의심스러운 행동으로 왜곡될 수 있습니다. 위선과 이중적인 언행을 싫어하는 만큼 가끔 어떤 질문에 너무 똑똑하게 대답해서 부정적인 인상을 풍길 수 있습니다. 또한 물병자리는 혹시 누군가 아주 미묘하게 거짓말하는 장면을 포착하면 솔직하게 분노를 표현할 것입니다. 물병자리는 노골적인 거짓말은 하지 않지만 아주 설묘하게 낭신을 속일 때노 있습니다. 자신이 늘 설교하던 정직함과는 거리가 좀 멀지요. 지칠 줄 모르는 진실 추구와 내면의 동기를 숨기고자 하는 욕망은 양립할 수 없는 특징들이며, 언젠가 자신의 진정한 모습을 알게 되면 물병자리는 이러한 상호 모순에 직면하게 될 것입니다.

물병자리는 대개 이상주의자라는 평판을 받지만, 어쩌면 조금 과한 평가인지도 모릅니다. 참된 이상주의는 맹목적인 신뢰와 낙관주의로 구성되어 있는데, 물병자리는 득이 없는 대의명분을 위해 오랫동안 자신을 기만하기에는 너무 영리하기 때문입니다. 그들은 꿈이라는 것이 대부분 (자신이 아주 면밀하게 조사했으면서도 여전히 좋아하는) 무지개와 같은 환영이라는 사실을 알고 있습니다. 물병자리는 전통과 권위주의를 하찮게 여깁니다. 예의상 전통과 권위주의를 존중하기는 하지만 그 속에 있는 오류와 왜곡, 그리고 비논리를 파헤치고자 하는 충동을 억누를 수 없답니다.

물병자리의 몸과 마음은 마치 바람처럼 자유로워야 합니다. 물병자리를 움직이지 못하게 하는 것은 마치 나비를 가만히 있게 만들거나 봄바람을 장롱 속에 가두거나 아니면 겨울의 돌풍을 병 속에 담아 두려고 하는 것과 같습니다. 처음부터 아예 불가능한 일이며 게다가 아무도 그런 어리석은 짓을 하지 않습니다. 물병자리는 시대를 너무 앞서 있어서 이 사람들의 견해를 바로 이해하는 것은 쉽지 않겠지만, 시도해 보는 것은 의미 있는 일입니다. 좀 당황스럽기는 하겠지만 더 현명해질 수 있을 것입니다. 물병자리를 상징하는 꽃은 수선화daffodil입니다. 어원은 'daffy'라는 말로 '어리석은 혹은 미친'이라는 뜻입니다.

물병자리는 천왕성에 의해서 계속 마음이 산만해지는데, 천왕성의 '예상치 못한 뜻밖의 변화를 가져다 주는 기운' 때문에 전기 충격을 받은 것처럼 미래에 대한 이미지를 명확하게 볼 수도 있습니다. 물병자리는 상징물이 사람입니다. 물병자리는 인류의 가장 참된 소망과 원대한 이상을 대변합니다. 물병자리의 금속인 우라늄은 금속이라기보다는 방사성의 금속성 화학 물질로서, 독자적으로 존재하지 않고 결합물 형태로만 발견됩니다. 우라늄은 원자 연구에서도 중요하며 지속적인 핵분열을 일으킬 수도 있습니다. 물병자리의 보석인 사파이어에 나타나 있는 전자기 제왕은 8볼트의 아름다운 번개를 만들어 내며, 자신의 비밀을 알고 싶어 하는 사람들에게 지식을 나누어 주기도 합니다. 하지만 당신이 그들처럼 미래 속에서 살지 않는 한, 고대 토성의 지혜가 물병자리의 마음속에 오래 전에 새겨 놓은 외로움은 아주 잠깐 동안밖에 볼 수 없을 것입니다.

물병자리로 알려진 유명인

갈릴레오 갈릴레이Galileo Galilei

루이스 캐럴Lewis Carroll

미아 패로Mia Farrow

서머싯 몸Sommerset Maugham

에이브러햄 링컨Abraham Lincoln

찰스 다윈Charles Darwin

찰스 디킨스Charles Dickens

클라크 게이블Clark Gable

토머스 에디슨Thomas Edison

폴 뉴먼Paul Newman

프랜시스 베이컨Francis Bacon

프랭클린 루스벨트Franklin Roosevelt

*마이클 조든Michael Jordan

*밥 말리Bob Marley

*버지니아 울프Virginia Woolf

*오프라 윈프리Oprah Winfrey

*장쯔이

*제임스 딘James Dean

*저스틴 팀버레이크Justin Timberlake

*제임스 조이스James Joyce

*김국진

*김신영

*김제동

*윤도현

*이영애

*이윤석

*정형돈

물병자리 남성

~~~

> 그 동안 역무원은 내내 앨리스를 바라보고 있었다.
> 처음에는 망원경으로, 그 다음에는 현미경으로,
> 그것도 모자라 오페라글라스로도 보더니 마침내 말했다.
> "너는 잘못된 길로 여행하고 있구나."
> 역무원은 그렇게 말하고는 창문을 닫고 가 버렸다.

결론부터 말하자면, 물병자리 남성에게는 다른 남성들이 사랑에 빠졌을 때 하는 행동을 기대해서는 안 됩니다. 만약 그런 기대를 한다면 당신은 가슴이 철렁하는 느낌을 한 번도 아니고 여러 번 경험할 수 있습니다. 우정에 대해서라면 물병자리 남성은 당신이 동료나 친구들에게 원하는 그 모든 것을 해 줄 수 있습니다. 하지만 사랑은? 글쎄요. 제가 알고 지내던 한 물병자리 남성은 이렇게 말한 적이 있습니다. "누구나 여자친구는 있을 수 있다. 하지만 사랑은 다른 것이다." 아주 영리하게 관찰한 후에야 나올 수 있는 말이지요. 좋습니다. 물병자리에게 사랑은 '또다른 것'이라고 합니다.

물병자리 남성은 당신에게 완전히 빠져들고 싶지는 않은 것처럼 행동할 때가 있는데, 그 이유는 아주 기본적인 논리에서 비롯됩니다. 물병자리는 사람들을 좋아합니다. 세상 모든 사람들이 친구이지요. 그는 최악의 적도 '내 친구'라고 부릅니다. 누군가를 좋아하지 않더라도 친구라고 표현할 수 있다는 뜻입니다. 그 말에 어떤 의미가 있는지는 연구를 좀 더 해 봐야 합니다. 다양한 뉘앙스에 따라서 복잡해질 수 있습니다.

물병자리 남성은 시간을 때울 때 가장 좋아하는 일이 다른 사람의 감정을 간파하는 일임에도 불구하고, 정작 자신의 진실한 감정은 드러내고 싶어 하지 않습니다. 그의 반응과 동기는 복잡한데, 그는 당신을 속여먹는 재미민으로도 그깃들을 복집한 상태로 두려고 합니다. 물병자리 남성은 사랑과 우정 관계에서 이상한 경험을 자주 하게 되며, 그 모든 경험들을 면밀하게 조사할 것입니다. 함께 결혼식장에 입장하기 전까지는 물병자리 남성에게 당신은 또다른 하나의 경험이나 실험에 불과합니다. 받아들이기 힘드시겠지요. 하지만 울지는 마세요. 물병자리 남성이 아무리 조심한다고 해도 그 자신도 속을 때가 있습니다. 하지만 속이려고 하기 전에 물병자리 남성이 사람들에 대해 가지고 있는 이 독특한 관점에 어떻게 대처할지부터 생각하는 것이 좋을 것입니다.

물병자리 남성은 그룹을 좋아하는 사람으로 팀워크를 자연스럽게 받아들입니다. 물병자리는 마치 자신이 그 경기를 직접 만들어 낸 사람인 것처럼 공정한 경기 규칙을 잘 이해하며, 인간 관계에도 그러한 규칙을 적용합니다. 관심사도 다양합니다. 그는 인간에 대한 관심 자체에 개인적인 감정을 개입시키지 않기 때문에 만나는 모든 사람들에게서 고유한 가치를 발견합니다. 반면 우리 같은 일반인들은 살면서 아주 특별한 사람들에게만 그런 노력을 쏟지요. 물병자리에게는 모든 사람이 다 특별합니다. 직접 만나 보지 못한 사람들까지도 해당합니다. 이기적이거나 옹졸한 물병자리는 매우 드뭅니다.

이런 모습을 보일 때면 스스로 자신이 편협한 생각을 하고 있다고 의식합니다. 물병자리는 속이 좁다는 얘기를 들으면 참지 못합니다.

물병자리는 스스로 엄격한 도덕 규범이 있기 때문에 대체로 높은 이상에 부응합니다.(다만 그 규범은 아주 사적이어서, 꼭 사회적으로 인정받은 규범은 아닐 수도 있다는 점을 이해하시는 것이 좋습니다.) 물병자리는 거의 대부분 변화, 논란 그리고 예기치 못한 사건들로 이루어진 삶을 살게 됩니다. 하지만 동시에 다른 태양별자리에서는 찾아볼 수 없는 완벽하게 고요한 순간도 자주 경험합니다. 물병자리 남성은 자신이 모든 인류를 제치고 당신이라는 한 명의 여성에게만 관심을 쏟게 되었다는 충격을 극복하고 나면 아주 자상한 연인이 될 수 있습니다. 그는 많은 일들에 관심을 쏟으면서도 정작 자기 개인의 문제는 소홀히 하는 데에 익숙해져 있는데, 사랑에서만큼은 이런 태도가 좀 완화될 것입니다. 하지만 너무 기대하지는 마세요. 세상 모든 사람들이 자신을 필요로 하고 있는데 당신에게만 완벽하게 헌신하고 있다는 것을 갑자기 깨닫게 될 공산이 큽니다. 그러면 자신이 친구들이나 그 외의 모든 지구상의 사람들에 대한 사랑을 저버린 것이 아니라는 것을 스스로 증명하기 위해 한 걸음 물러날 수도 있습니다.

물병자리 남성은 머릿속에서 계속 무언가를 분석하면서 자주 이렇게 자문할 것입니다. "그녀가 한 말은 무슨 뜻이었을까?" 그 답을 찾을 때까지는 멈추지 않습니다. 물병자리 남성은 궁금한 수수께끼가 생기면 열광적인 태도를 보이기 때문에 그가 애써 태연한 척한다고 해도 속을 필요가 없습니다. 그는 무언가 감춰진 것이 있다고 느끼면 그 미스터리를 파헤치고 베일을 벗겨 낼 때까지 밤에 잠도 못 잘 것입니다. 자신이 알아낸 결과에 실망할 가능성은 늘 있으니, 그 대상은 알아낼 만한 가치가 있는 것이어야 합니다. 그렇지 않다면 자신이 알아낸 것을 아무 거리낌 없이 적나라하게 공개하고는 새로운 베일을 벗기기 위해 떠날 것입니다.

물병자리 남성을 자신의 남자로 만들고 싶은 여성이라면 먼저 그의 호기심을 불러일으켜야 합니다. 펼쳐 놓은 책은 관심을 불러일으킬 수 없습니다. 닫혀 있어야 관심을 끌게 되고, 굳건하게 닫혀 있을수록 물병자리의 탐정 본능을 더 자극할 것입니다. 물병자리 남성은 상대 여성이 자기를 무시하거나 그녀의 생각을 말하지 않고 있으면 눈이 점점 커지면서 마치 사냥개가 뭔가 냄새를 맡았을 때처럼 초롱초롱해지기 시작합니다. 왜 저렇게 감정적일까?(감정적으로 행동해도 됩니다. 그 이유만 설명해 주지 않으면 됩니다.) 정말로 변덕이 심할까? 아니면 가식일까? 왜 저렇게 향수를 뿌리고 화장을 하며 짧은 옷을 입고서는 정작 사자자리나 사수자리 또는 전갈자리들이 자신을 향해 휘파람을 불어 댈 때는 기분 나빠하는 걸까? 남자가 먼저 접근하기를 바랄까? 아니면 그 반대일까? 금욕주의자일까? 아니면 개방적인 사람일까? 그녀를 화나게 하는 건 뭘까? 물병자리 남성이 관찰하고 질문하고 조사하는 동안 그 여성은 당연히 우쭐한 기분이 듭니다. 하지만 그가 방금 서빙을 하고 간 여종업원(좀 전에 탔던 택시기사도 물론이거니와)에게도 똑같은 호기심을 보인다는 사실을 알고 나면 약간 마음이 식기 시작합니다. 예리한 과학자의 눈 앞에 꼼짝 못하고 누워 있는 곤충 같은 기분이 들게 만드는 이런 태도는 절대로 상대 여성을 기분 좋게 만들려고 계산된 행동이 아니겠죠. 결국 그 여성은 좀 더 열정적이거나 현실적인 남성을 찾아 떠나게 되고, 물병자리 남성은 한동안 실의에 빠져 있다가 다시 새로운 낭만적 탐구를 시작합니다.(새로운 발명이나 독특한 아이디어가 그를 사로잡는다면 낭만적인 탐구 작업은 좀 미뤄질 것입니다.)

물병자리 남성은 애처로울 정도로 부드럽고 유순할 수도 있지만, 이런 표면적인 차분함은 신기루에 불과하다는 것을 늘 머릿속에 기억하고 있어야 합니다. 융통성도 마찬가지입니다. 여성이 조금이라도 기회주의적인 모습을 보이면 절대로 묵인하지 않습니다. 자신이 이용당하고 있다고 생각하면 예측 불가능한 천왕성의 매력은 눈 깜짝할 사이에 사라져 버리고, 마치 캐리 그랜트*가 제임스 케그니**로 변해서 당신 얼굴에 자몽이라도 집어던질 것 같은 모습을 보게 될 것입니다. 극도로 화가 나면 그런 충격적인 행동도 할 수 있습니다. 더 충격적

---

* 캐리 그랜트(Cary Grant, 1904~1986): 영국 출신의 미국 영화배우로 우아하고 젠틀한 이미지로 유명함.
** 제임스 케그니(James Cagney, 1899~1986): 미국 영화배우로 거친 이미지로 유명함.

인 것은 당신이 그런 물병자리 남성을 용서하게 된다는 것입니다. 그러면 안 됩니다. 적어도 두 번 이상은 안 됩니다. 물병자리 남성은, 너무 드세게 행동하지만 않는다면, 자신의 주장을 펼칠 줄 아는 여성을 좋아합니다. 지나치게 감상적인 약속을 하지도 않고 울먹이며 상대방을 비난하지도 않아야 합니다. 그러면서도 자신을 여기저기 훨훨 날아다닐 수 있게 해 주어야 합니다. 자몽을 던질 뻔한 행동을 변호하자면, 물병자리 남성은 대체로 여성에게 상당히 친절한 편이지만 아주 가끔 흥분하면 남녀를 구분하는 것을 잊어버리기도 합니다. 이런 경향이 천왕성의 돌발성과 합쳐지면 얼굴에 자몽 주스를 끼얹는 상황이 발생할 수도 있는 것입니다.

물병자리는 살면서 어떤 식으로든 명성을 얻을 가능성이 아주 높습니다. 동네 조기 축구 대회에서 받은 트로피든지 아니면 마을에서 가장 키가 큰 남자로 선정되든지 간에 어느 정도의 인지도를 얻어서 이름을 알리게 될 확률이 높습니다. 노벨상 수상처럼 빛나는 명예를 누릴 수도 있습니다. 많은 수의 물병자리가 그런 명예를 얻습니다.(반면에 불안증이 있는 물병자리 중 다수가 정기적으로 정신과 치료를 받기도 합니다. 이 두 부류 사이의 차이를 구별하는 것은 쉽지 않습니다.)

어떤 물병자리 남성은 결벽증이 있습니다. 누가 자기 수건을 쓰거나 자기 국그릇에 대고 재채기라도 하면 거의 비명을 지르는 물병자리를 볼 수 있을 것입니다. 이런 행동의 이면에는 세균과 질병에 대한 노이로제가 있습니다. 물병자리는 이런 두려움을 사랑하는 사람이 생겨도 극복하지 못하는 경우가 많습니다. 무의식적으로 드러내게 되지요. 당신의 화장품에 알레르기가 있어서 재채기가 난다고 불평해도 놀라지 마세요. 물병자리는 자신이 피하고 싶은 것에 대해서는 알레르기를 스스로 만들어 내는 능력이 있어서, 순진한 여자친구는 물론이고 의사 선생님까지도 속일 수 있습니다.

물병자리 남성은 과장된 행동으로 당신에게 구애를 하는 타입은 아닙니다만, 길을 가다가 멈춰서 민들레를 따서는 마치 장미꽃을 바치듯 당신에게 내밀 수도 있습니다. 솔직히 말해서 대부분 그런 식으로 행동합니다. 밍크 코트와 다이아몬드로 청혼하지는 않을 것입니다. 하지만 밍크 코트가 없어도 물병자리 남성과의 삶은 화려할 수 있습니다. 영화배우 헬렌 헤이스*와 그녀의 남편인 찰스 맥아더** 부부에 관한 유명한 일화가 있습니다. 두 사람이 처음 만났을 때 찰스는 땅콩 한 통을 건네주며 "이 땅콩들이 에메랄드라면 좋겠어요."라고 했다고 합니다. 세월이 지나서 돈을 많이 벌었을 때 찰스는 반짝이는 에메랄드가 가득 찬 통을 주면서 이렇게 말했다지요. "이게 땅콩이라면 좋겠어." 찰스가 물병자리였는지는 모르겠지만 분명히 출생차트에서 천왕성의 영향력이 강할 것입니다. 물병자리 남편과 살게 되면 이런 뜻밖의 영광을 누리게 됩니다. 그러니 누가 굳이 결혼 예물로 밍크코트를 필요로 하겠습니까?

자, 이제 용기를 내서 가장 힘든 부분에 대해 얘기해 봅시다. 회피하거나 부질없는 희망을 가져서도 안 됩니다. 본론으로 들어가 볼까요? 게자리나 염소자리, 또는 사자자리, 천칭자리와는 달리 물병자리는 마치 아기가 사탕을 받아 드는 것처럼 행복하게 결혼을 받아들이

* 헬렌 헤이스(Helen Hayes, 1900~1993): 미국의 배우. 무대·영화·라디오·텔레비전 등에서 활동했다.
** 찰스 맥아더(Charles MacArthur, 1895~1956): 미국의 극작가.

지는 않습니다. 솔직하게 말하자면, 물병자리는 대부분 최선을 다해서 결혼을 피하려고 합니다. 드물게 어린 나이에 결혼에 끌리는 경우는 있지만, 통계학적으로 볼 때에는 별 의미가 없습니다. 결혼을 하지 않는 이유는 물병자리가 사랑의 기본이 아름답고 멋지고 즐거운 우정에 있다고 생각하기 때문입니다. 이들은 주로 친구 같은 연인을 선택해서 유명 야구 선수의 평균 타율, 가로세로 낱말 맞추기, 아라비아 말, 미시시피 강의 반딧불이, 사해 사본 등을 포함한 모든 물병자리의 관심사에 대해 함께 얘기하고 싶어 합니다. 왜냐고요? 간단합니다. 얘깃거리가 너무 많기 때문에 그만큼 사랑을 나눌 시간이 적어지므로 너무 진지한 사이가 되어 책임을 져야 하는 부담도 그만큼 덜하기 때문입니다. 물병자리의 이상형은 지나친 정서적 요구를 하지 않는 친구 같은 여성입니다. 그러면 어떻게 해야 할까요? 글쎄요. 딱히 해야 할 일은 없습니다.

물병자리 남성은 육체적인 애정 표현을 부자연스러워합니다. 굿나잇 키스를 처음 해 주는 것도 데이트를 시작한 지 한참 만에야 가능할 것입니다. 분명 대개는 기다릴 만한 가치가 있을 테고, 그런 기다림이 관계를 더욱 특별하게 만들 수도 있겠죠. 하지만 당신 입장에서는 그저 친구 같은 관계가 이미 불가능해진 지 오랜 시간이 지났음에도 불구하고, 물병자리 남성은 여전히 편하고 안전한 플라토닉한 우정 관계를 맺고 있다는 환상에 계속 매달릴 것입니다.

물병자리 남성은 겨우 용기를 내어 "사랑해."라고 말한 뒤에도 가능한 모든 핑계를 동원해서 결혼이라는 문제를 회피하려고 할 것입니다. 더 이상 핑계 댈 것이 없어지면 아주 상상력이 풍부한 새로운 구실을 만들어 낼 수도 있습니다. 당신이 마땅히 받아야 하는 대접을 자신이 해 줄 수 없다거나 집에서 부모님이 자기를 찾는다거나 아니면 당신에게는 자신이 부족하다는 식으로 꾸준히 설명해 댈 것입니다. 그래도 안 되면 핵폭발의 위협 같은 것들 때문에 미래가 너무 불확실하다고 주장할 것입니다. 만약 내년에 사장이 자신을 알래스카로 전근 보낼 수도 있다고, 그곳에서 불면증 때문에 죽을 수도 있고, 그러면 당신은 남은 인생을 슬픔 속에 빠져서 살아야 한다는 등등 온갖 핑계를 만들어 냅니다. 제

가 아는 한 물병자리 남성은 약혼을 한 지 12년이 되었
는데도 '상대방이 배우로서의 경력을 희생하게 된다.'라
는 이유로 결혼하지 않으려고 했습니다. 그 약혼녀가 평
생 무대를 밟아 본 적도 없다는 사실은 중요하지 않았습
니다. 그 물병자리 남성은 약혼녀가 재능이 있다고 생각
했습니다. 언젠가 어떤 프로듀서가 재능을 알아볼지도
모르는데 이미 결혼한 상태여서 그 기회를 놓치기라도
하면 약혼녀가 얼마나 속상하겠느냐는 것이죠. 그 남성
은 또 어떤 기분이 들까요? 죄책감이 들겠지요. 분명히
이기적이고도 미안한 일입니다. 불쌍한 약혼녀가 마침
내 보다 더 긍정적인 남자를 찾아 도망가 버린 것도 놀
랄 일이 아닙니다.

하지만 모든 물병자리 남성이 이렇지는 않습니다.
비록 대부분 결혼을 늦게 하는 것은 사실이지만, 결국에
는 대부분 결혼을 합니다. 물병자리 남성은 자기 주위에
마지막으로 남아 있던 싱글 친구가 버뮤다로 신혼여행
을 떠나고 나면, 자기는 아직 조사를 시작하지도 못했는
데 다른 사람들은 이미 풀어 버린 미스터리가 있다는 사
실을 깨닫고는 정신을 차립니다. 당연히 그런 상황을 참

을 수 없으니 가서 얼른 청혼을 해야 합니다. 물론 아주 갑자기 진행됩니다. 천왕성이잖아요.

당신은 연애 초기에 이 물병자리 남성을 좀 길들여 보겠다고, 적극적으로 구애하는 다른 남자에게 끌리는 척 연기를 해 볼 생각을 품을지도 모릅니다. 하지만 혼자 남는 쪽은 다름 아닌 바로 당신일 것입니다. 상심한 물병자리 남성이 소유욕에 불타 당신을 쫓아다닐 가능성은 거의 없기 때문입니다. 대신 그는 아주 차분하게 눈물을 한두 방울 흘리고는 "어쩌겠어요. 더 잘난 남자가 이기는 법인걸."이라고 하면서 아주 쉽게 당신을 만나기 전의 생활로 돌아갈 것입니다. 심지어 해서는 안 될 질문까지 할 수 있습니다. "그래도 우리 친구로 계속 지낼 수 없을까요?" 당신이 단호하게 안 된다고 하면 그냥 낙심해서 어깨를 한 번 으쓱하고는 돌아서서 천천히 걸어갈 것입니다. 만약 된다고 하면 처음으로 다시 돌아가는 것입니다. 친구 사이로요.

질투심은 물병자리 남성의 것이 아닙니다. 그는 당신이 직접 못 믿을 사람이라는 것을 보여 줄 때까지는 당신을 믿을 것입니다. 천성적으로 남을 믿어서라기보다는 물병자리의 분석적 해부 과정을 통해 이미 당신의 성격에 만족했기 때문입니다. 출생차트 상에 두드러진 충돌 각도가 있지 않는 한 물병자리 남성에게서 사실 무근의 의심이나 소유욕은 찾아볼 수 없습니다. 드물게 질투심이 있다고 하더라도 당신은 절대로 모를 것입니다. 또 본인이 육체적으로 바람을 피울 가능성도 아주 희박한데, 섹스가 흥미롭기는 하지만 특별히 구미가 당기는 일은 아니기 때문입니다. 가끔 섹스에 대한 생각을 많이 하는 물병자리도 있는데 이런 경우에는 출생차트에 전갈자리 영향이 많이 있을 것입니다.(하지만 이런 유형 역시 드러내 놓고 섹스를 탐닉하지는 않습니다.)

물병자리 남성은 일단 짝을 선택하고 나면 본인이 보다 더 중요한 일들에 집중할 수 있다는 사실을 깨닫습니다. 여유 있게 개인 연구실에서 남녀 관계를 조사하는 것을 즐길 수도 있습니다.(물병자리는 나중에 성공할 가능성이 높으므로 개인 연구실을 가질 가능성도 배제할 수 없지요.)

물병자리에게 섹스는 자신의 큰 그림이나 이상의 한 부분에 불과합니다. 사회 통념에 어긋나는 이성 관계에 대한 유혹이 생기면, 스스로 생각하기에 부정직한 관계를 계속하기보다는 비록 깊이 상처받더라도 그 관계를 갑작스럽게 끝낼 것입니다. 물병자리 남성이 죄책감을 느끼는 상황은 아주 다양합니다. 부모가 승낙하지 않는 일, 오랜 친구와의 종교적 갈등, 여덟 살 때 스스로에게 했던 약속, 또는 책에서 읽었던 어떤 부분 등이 모두 해당될 수 있습니다. 하지만 어떤 것이든, 아무리 그 사랑이 빅토리아 여왕과 앨버트의 사랑처럼 운명 지어진 것이라 하더라도, 다시 가까운 관계로 이어지려면 자신의 문제들을 조정하고 해결해야만 합니다. 물병자리는 친구들이 눈치 채지 못하도록 조용하게 가슴앓이를 할 것입니다.

물병자리 남성은 당신을 얻기 위해서라면 아흔 살이 될 때까지도 기다릴 수 있는 사람입니다. 물론 당신은 결혼 첫날밤을 위해 오래 기다리는 것은 너무 길다고 생각하겠죠. 그와의 관계에서 나쁜 점은 이별할 때 이유를 밝히지 않는다는 것입니다. 본인은 그 이유를 알고 있지만 그것을 알아내는 것은 당신 몫입니다. 심술궂게도 처음부터 그저 환상에 불과했다고만 말하면서 세월이 흐른 뒤에라도 용서와 화해를 할 수 있을 만한 진짜 이유는 말하지 않으려 합니다. 매우 잔인하게 느껴지지만, 이것이 물병자리의 방식입니다.

당신에게 유일한 위안은 물병자리 남성도 자기만의 방식으로 고통스러워한다는 점입니다. 그걸 어떻게 아냐고요? '물병자리를 알아보는 방법' 부분을 다시 읽어 보세요. 물병자리는 자신의 감정을 불가사의한 방법으로 전달할 수 있는데, 가끔은 아주 불통일 때가 있습니다. 본인의 그 독특하고 사적인 신호는 녹색 신호인데 표면적으로는 적색 신호를 계속 유지하면서 자신이 녹색으로 바꿀 준비가 될 때까지 기다리는 경우가 특히 그렇습니다. 연애 관계에서 상당한 교통체증을 유발할 수 있지요. 보행자 입장에서는 어렵지만, 물병자리 남성은 운전자 입장이므로 그의 관심을 불러일으킬 새로운 미스터리를 생각해 내거나 금성으로 여행을 다녀온 첫 번째 여성처럼 굴면서 그가 다시 당신과 얘기할 수 있도록 호기심을 불러일으킬 수 있는 멋진 주제를 내놓는 것 말고는 당신이 할 수 있는 일은 별로 없습니다.

그런 재주를 부리면 물병자리 남성의 감정이 변할

거라는 뜻이 아닙니다. 그가 당신을 정말로 사랑한다면 금성은커녕 동네 정육점보다 더 멀리는 가 본 적이 없는 사람이라고 하더라도 당신을 사랑할 것입니다. 본인의 확고한 전략에 약간 차질이 생기기는 하겠지요. 이런 얘기를 들으면 물병자리 남성이 사랑에 대해서 상당히 완고해질 수 있다는 것을 눈치 채셨을 것입니다. 그 생각이 맞습니다.

애정 문제와 관련한 물병자리의 고정 불변한 태도로 인해 당신은 미쳐 버리거나 아니면 자포자기 상태로 다른 사람에게 달려갈지도 모릅니다. 하지만 그래 봤자 시간 낭비입니다. 물병자리 남성은 질투심이 없다는 것, 기억하시지요? 질투가 난다고 해도 드러내지 않을 것입니다. 게다가 천왕성의 직감으로 당신이 연기를 한다는 것을 다 눈치 챕니다. 당신이 어떤 경우에 화를 내는지 알고 있기 때문이지요. 당신을 오랫동안 연구해 왔다는 사실을 잊으면 안 됩니다. 당신이 할 수 있는 것이라고는 당신이 아흔 살이 되어도 여전히 매력적인 모습으로 남아 있기를 바라거나, 아니면 금성으로의 여행 준비를 시작하는 것입니다.

뒤집어서 말하자면 물병자리도 언젠가는 입장이 바뀌어 당신에 대한 엄청난 소유욕이 생길 수도 있습니다. 당신이 균형을 잘 잡고 있어야겠죠. 언제 어디서나 변함없는 천왕성의 우정에 대한 성향 때문에 심지어 결혼한 뒤에도 남편이 도대체 어디에 있는지 모를 때가 있을 것입니다. 그가 아무리 친구들과 늦게까지 시간을 보내더라도 그저 사람에 대한 끊임없는 관심 때문에 그렇다고 생각하세요. 만약 그 친구가 여성이라면 모르는 척하는 것이 좋습니다. 그리고 솔직히 그럴 가능성은 별로 없습니다. 누구와 있었는지 직접 물어보면 솔직한 답을 얻을 수 있습니다. 하지만 의심해서 재차 물어본다면 물병자리 남성은 당신이 진실을 원하지 않는다고 생각할 것입니다. 그러면 당신을 놀려 주려고 자신이 상상할 수 있는 가장 터무니없는 이야기를 해 줄 수도 있습니다.(물병자리는 그런 상상은 할 수 있답니다.) 당신은 몇 시간이나 극도로 비참한 상태로 남편이 정말로 그 빨강머리에게 예쁘다고 말했는지 궁금해하며 그를 의심했던 것을 후회하게 될 것입니다.(남편이 그녀와 얘기를 나누었는지 기억이 안 난다고 했는데 당신이 "쳇, 당연히 기억이 안 난다고 하겠죠!"라고 말한 뒤의 일입니다.) 물병자리 남편은 솔직히 기억이 나지 않았는데 당신이 둘이서 도대체 무엇을 했는지 구체적으로 밝히라고 요구했기 때문에 이야기를 꾸며 낸 것입니다. 당신도 이런 특징들을 곧 알게 될 것입니다.

물병자리 남편이 조용히 꿈을 꾸며 혼자 있고 싶어 하더라도 상처 받지 마시기 바랍니다. 그는 당신과 그 꿈을 나누기 위해 다시 돌아올 것이니, 남편의 정신적인 은둔을 따뜻하게 격려해 주세요.

물병자리 남성은 돈을 가장 많이 버는 남편은 아닐지도 모르지만, 이 세상에 뭔가 유익한 것을 발명해 내거나 화성에 착륙하는 최초의 인간이 될 수도 있습니다. 화성에서도 집처럼 편안함을 느낄 것입니다. 물병자리 남편과 살다 보면 비록 집에 돈이 충분하지 않더라도 종종 뜻밖의 일이 일어날 수 있습니다. 물론 돈이 많은, 심지어 백만장자인 물병자리 남성도 제법 있지만, 불타는 야망을 좇는 물병자리는 거의 없습니다. 당신이 만나는 모든 부유한 물병자리들은 우연히 돈을 벌게 되었을 테고, 또한 절대로 돈을 벌 기회를 탐욕스럽게 붙잡지는 않았을 것입니다. 어떤 제품을 개선하거나 인류에게

도움이 되는 아이디어를 개발하려고 노력하는 과정에서 저절로 돈이 따라왔거나, 아니면 괴짜처럼 살 노후를 대비해서 저축해 왔을 것입니다. 누가 알겠어요? 언젠가 타임머신 여행을 하고 싶어서 여비를 모으고 싶었을지도 모르죠. 물병자리 남성은 대체로 돈에 대해서는 합리적인 편이지만, 당신은 할 수 있을 때 돈을 저축해 두고 외상 거래는 많이 하지 마세요. 물병자리 남성은 사치스러운 사람을 절대로 좋아하지 않습니다. 가끔은 아주 후한 인심을 써서 당신을 깜짝 놀라게 할 수는 있지만 동쪽별자리가 양자리, 사자자리, 사수자리 또는 물고기자리가 아닌 이상 이성을 잃고 돈을 쓰지는 않습니다. 앞에서 말한 동쪽별자리를 가진 물병자리라고 하더라도 돈을 펑펑 쓰는 편은 아닙니다.

아이들은 물병자리 아버지가 다른 아버지들보다도 훨씬 이야기를 잘 들어 주는 사람이라고 생각할 것입니다. 물병자리 아버지는 아기 돼지 삼형제를 위협하던 늑대가 숨을 죽이고 다가가는 이야기에 흠뻑 빠지고, 마녀가 백설공주에게 주었던 사과에 어떻게 독을 발랐는지 궁금해합니다. 홈런 치는 방법을 배우고 싶어 하는 아들의 고민과, 인형이 부서져서 눈물을 흘리는 딸의 고민을 물병자리 아버지는 친구들의 고민처럼 여깁니다. 물병자리 아버지는 복잡한 수학 문제도 잘 풀어 줍니다.

일 때문에 물병자리 남편에게 밥을 차려 주는 일을 소홀히 하거나 떨어진 양복 단추를 무시하지 않도록 하세요. 여자친구들을 집으로 불러서 소파에서 죽치고 있거나 몇 시간 동안 전화로 수다를 떠는 일도 자제하고, 남편이 다락방에서 낡은 야구 글러브를 찾아 달라고 하거나 손가락에 박힌 가시를 빼 달라고 할 때 텔레비전에 너무 몰두하거나 소설책에 빠져 있지도 마세요. 물병자리 남편은 몇 가지 이유 때문에 당신과 결혼했습니다. 물론 사랑 때문이지만 가장 중요한 이유는 당신을 곁에 두고 싶어서입니다. 자신을 위해서 요리도 해 주고 떨어진 단추도 달아 주고 사라진 문서도 찾아 주고 가끔 박힌 가시를 빼 줄 사람이 필요한 것입니다. 당신이 텔레비전을 끼고 살거나 책을 보거나 여자친구들과 수다를 떨면서 당신의 의무를 소홀히 하는 것은 좋아하지 않습니다. 이상적인 아내와 어머니상은 단순합니다. 늘 꾸준히 그 역할을 하는 사람이지요. 개방적인 물병자리 남편도 당신이 사치나 부리며 빈둥거리고 있으면 눈살을 찌푸릴 것입니다. 당신도 굳이 텔레비전이나 소설에 별로 빠질 일이 없을 것입니다. 물병자리 남편 자체가 워낙 예상치 못한 뜻밖의 사건들을 많이 만드는 사람이기 때문에, 굳이 드라마나 여성 잡지, 또는 친구와의 비밀 수다 같은 것이 없어도 감정적으로 충분히 롤러코스터를 탈 수 있습니다.(어쩌면 남편만으로도 충분한 감정적인 경험을 할 것입니다.) 남편이 새로운 프로젝트에 몰두해 있어서 당신이 무슨 일을 하고 있는지 전혀 관심이 없을 때에는 친구들과의 수다를 포함해서 당신이 하고 싶은 일들을 얼마든지 할 수 있습니다. 하지만 남편이 손가락이 아플 때에는 반드시 곁에 있어 주세요. 물병자리 남편은 무시당할 때에는 정말 골칫거리로 변할 수 있으니까요.

물병자리는 거의 모든 일에 대해 아주 현실적이지만, 유독 첫사랑을 잊지 못하는 경향이 있습니다.(첫 데이트 상대가 아니라 자신에게 무지개를 보여 주었던 첫 여인 말입니다. 둘은 분명히 다릅니다.) 물병자리는 어릴 때 좋아했던 여인과 결혼하는 경우가 종종 있고 또는 그녀에 대한 희미한 환상에 계속 집착합니다. 물병자리 남성은 대체로 첫사랑을 아주 자세하게 묘사할 수 있는데, 이것 때문에 아내는 좀 짜증이 날 수도 있습니다. 해결책은 당신이 그 첫사랑이 되는 것입니다. 면사포를 쓰려면 좀 오래 기다려야 하겠지만 적어도 당신은 없던 존재가 되지는 않을 것입니다. 누가 땅콩을 에메랄드로 바꿀 수 있으며, 또 에메랄드를 땅콩으로 바꿀 수 있겠어요? 그러니 눈에 자몽 주스가 좀 들어간다고 해도 너무 신경 쓰지 마세요. 물병자리 남성은 연애에는 서툴지만 천사들이나 할 수 있는 아름다운 말을 갑자기 생각해 낼 수도 있습니다. 결혼기념일은 잊고 지나갈지도 모르지만, 한겨울에도 제비꽃을 따다 줄 사람입니다. 크리스마스는 어떠냐고요? 크리스마스가 반드시 12월 25일이어야 한다는 법은 없지요. 당신이 원하면 언제든 크리스마스가 될 수 있습니다. 그는 몇 날, 몇 주, 몇 달을 사랑한다는 말 한 마디 없이 지나갈지도 모릅니다. 그러나 어느 날 아침, 과일을 깎고 있는 당신의 눈을 그윽하게 바라보며 다정하게 말할 것입니다. "당신이 얼마나 아름다운지 알아?" 물병자리 남편이 그렇게 말할 때는 왜 그런지는 모르지만 가슴이 콩콩 뛴답니다.

한여름의 크리스마스, 동틀 무렵에 생일 파티 하기, 11월에 밸런타인데이 카드 보내기, 한밤중에 무지개 보기, 주황색 호박에 빨간색 하트 그려 넣기, 눈밭에서 부활절 계란 굴리기 등등, 당신은 물병자리 남성과 사랑에 빠진 겁니다. 모르셨어요? 해피엔딩이길 빕니다. 하지만 조심하세요. 이상한 나라에서 길을 잃을지도 모르니까요.

물병자리 여성

~~~

하지만 기상천외한 일에 익숙해진 앨리스에게
평범한 일은 재미없고 시시하기만 했다.

커피에는 고양이를 넣고 차에는 쥐를 넣어서
서른 번 곱하기 세 번 만세를 부르며 앨리스 여왕을 환영하세!

물병자리 여성과 연애를 시작하는 가장 안전한 방법은, 그녀가 다른 모든 면에서처럼 사랑에 있어서도 자기모순이 있다는 점을 기억하는 것입니다. 그래야만 당신이 기대했던 모습과 정반대의 여성을 얻는 일이 없을 것입니다.

물병자리 여성은 사랑할 때, 유지하는 성향의 다른 별자리와 마찬가지로 매우 성실하지만, 공기 성향의 무심함과 감정이 메마른 모습 또한 보입니다. 물병자리 여성이 무수한 관심사를 쫓아다니고 친구들과 어울릴 수 있도록 자유롭게 해 준다면 행복한 관계를 유지할 수 있습니다. 절대로 집 안에만 가두어 두려고 하지 마세요. 그런 시도를 해 본 다른 남성에게 물어보세요. 물병자리 여성은 갑자기 발레를 배우거나 산 속에 들어가서 명상을 하거나 평화봉사단에 참가하겠다고 결심할 수 있습니다. 높은 탑 속에 살았던 긴 금발의 공주 이야기를 알고 계신가요? 그 공주는 바로 물병자리 여성일 것입니다. 동화에서처럼 치렁치렁한 머리카락을 잘라 버린다고 해서 달라지는 것은 없습니다. 당신이나 저와는 전혀 다른 꿈을 꾼답니다. 멀리서 들려오는 북소리를 듣고 우리가 한 번도 본 적이 없는 별을 따라갑니다.

물병자리 여성은 모두의 사람이기도 하지만 동시에 누구의 사람도 아닙니다. 물병자리 여성의 사랑은 부드럽고 멋지기는 하지만, 가사가 반밖에 기억나지 않는 노래처럼 뭐라 표현하기 힘든 막연한 면이 있습니다. 멜로디를 흥얼거릴 수는 있지만 가사는 입 안에서만 맴돕니다. 물병자리 여성은 완강하게 자유를 주장하지만, 그러한 조건을 인정해 주는 연인에게는 무한한 신의를 보여줍니다. 당신이 좋아할 만한 이야기가 있습니다. 물병자리 여성은 동쪽별자리가 게자리, 염소자리, 또는 황소자리만 아니라면 당신의 은행 잔고에 별로 관심이 없을 것입니다. 전형적인 물병자리 여성에게 돈은 중요한 문제가 아닙니다. 당신이 부유하지는 않아도 상관없지만, 어떤 식으로든 지적인 성취를 이루어서 존경받는 사람이 되기를 기대합니다. 그녀는 심장이식 권위자나 항공우주 전문가를 억만장자보다 훨씬 더 매력적으로 느낄 것입니다.

물병자리 여성이라는 나비를 그물로 잡고 싶다면, 그녀가 진실하지 않은 남성과는 절대로 그녀의 종잡을 수 없는 인생을 함께 보내려 하지 않는다는 점을 반드시 염두에 두어야 합니다. 그녀는 당신이 난생 처음 듣는 독특한 도덕 관념을 가지고 있으며, 사회적으로 용인되는 것과는 매우 다른 자신의 원칙을 충실히 이행하면서 삽니다. 그녀는 당신의 규칙들도 아주 개인적이라는 점을 이해할 것입니다. 별로 개의치 않습니다. 하지만 서로의 규칙을 타협하려고 하지는 마세요. 당신이 아주 열정적인 여성을 원한다면 잘못 선택했습니다. 정열은 전형적인 물병자리 여성의 장점이 아닙니다. 지나치게 강조하지만 않는다면 육체적인 사랑도 충분히 즐길 수 있습니다. 다시 말해서 육체적인 사랑을 받아들일 수도 있고 무시할 수도 있다는 뜻입니다. 물병자리 여성은 잊지 못할 강렬한 섹스에도 부응할 수 있지만, 당신이 오랫동안 플라토닉한 사랑을 원한다면 그것 또한 받아들입니다. 모든 물병자리가 그러듯이 한 사람에 대한 욕망이 어떤 면에서는 자신의 영혼과 자유를 구속할 수도 있다는 두려움이 있습니다. 그 자유란 실험하고 조사할 수 있는 자유와 인류에 헌신할 수 있는 자유입니다. 또한 상당히 자극적이고 색다른 자신만의 욕망을 추구할 자유를 말합니다.

당신이 정치, 과학 또는 교육 분야에서 일하려고 한다면 물병자리 여성은 이상적인 짝이 될 수 있습니다. 출생차트에 충돌 각도가 있어서 맨발로 걸어다니거나 버스에서 큰 시가를 피우면서 사람들을 놀라게 하기 좋아하는 타입만 아니라면, 물병자리 여성은 최고의 짝꿍이 될 수 있습니다. 가끔 아주 야생적이고 특이한 물병자리 여성도 있답니다. 하지만 일반적인 물병자리 여성은 아주 사교적이고 즐거운 사람입니다. 우아하고 재기발랄하고 총명하며, 어떤 사회 그룹에도 아주 잘 적응합니다.

물병자리 여성은 일반적인 상황에서는 의심을 하지 않는다는 것도 특별한 장점입니다. 출장을 많이 다니는 세일즈맨에게는 꿈에 그리던 이상형이 될 수도 있습니다. 물론 실제로 당신이 부정을 저지르는 모습을 보면 그 예민한 성격에 깊은 상처를 받을 것입니다. 물병자리 여성의 꿈꾸는 듯한 독특한 눈을 들여다보는 순간 얼마나 깊이 상처받았는지 알게 될 것입니다. 하지만 이유 없이 당신을 의심하지는 않을 것이며, 좀처럼 당신의 말을 의심하는 법이 없습니다. 전형적인 물병자리 여성은 절대로 당신이 출장을 떠난 뒤에 회사에 전화를 해 보거나 당신의 손수건에 립스틱 자국이 묻어 있는지 살펴보거나 또는 셔츠 단추에 여자 머리카락이 붙어 있는지 확인하지 않습니다. 의심할 만한 강력한 증거가 스스로 드러나기 전에 찾아 나서지는 않으니까요. 좋다고만 할 것이 아니라, 물병자리 여성이 불타는 질투심이 없다는 것은 단순한 성격적인 장점 이상이라는 것을 염두에 두어야 합니다. 일단 그녀는 당신을 두 번째 바라보기 전에 이미 현미경으로 당신의 심리 상태를 해부했을 것입니다. 게다가 관심사가 너무나도 많고 함께 이야기를 나눌 친구들도 많기 때문에 당신이 눈앞에 없을 때 어디서 무엇을 하고 있는지 걱정할 시간이 별로 없답니다. 눈에서 멀어지면 마음에서도 멀어진다는 말은 물병자리 남녀를 위한 말입니다. 눈앞에 보이지 않아서 애정이 더 생기는 경우는 드뭅니다. 하지만 가끔은 바람둥이 남자친구 때문에 마음고생 하는 물병자리 여성도 있습니다. 그 이유는 그녀가 필요로 하는 것 중에 그 남자친구만이 해 줄 수 있는 것이 있기 때문입니다. 반면에 그녀가 정말로 당신을 더 이상 필요로 하지 않을 때에는, 당신이 부정을 저질렀다는 증거가 나타나자마자 마음이 떠날 것입니다. 그냥 당신을 버릴 것입니다. 타 버린 숯덩이에 불을 다시 붙이려고 애쓰지 마세요. 이미 식어 버린 재에 불과합니다. 물론 당신은 여전히 그녀의 친구로 지낼 수는 있습니다. 안 될 이유가 없지요. 기꺼이 받아 줄 것입니다. 물병자리 여성에게는 전 남자친구나 전 남편과 다시 다정한 친구처럼 지내는 것이 전혀 어색하지 않습니다. 과거는 잊어버리고 기억도 모두 지워 버리거든요.

하지만 아주 이상하고 주목할 만한 예외 조항이 하나 있습니다. 물병자리 남성과 마찬가지로 물병자리 여성도 진실했던 첫사랑을 평생 기억한다는 점입니다. 첫사랑만 기억합니다. 당신이 예전에 만났던 물병자리 아가씨가 당신을 아직도 기억하고 있을지 궁금하세요? 그녀가 사랑을 어떻게 정의하는지에 따라 다릅니다. 그녀에게 첫사랑은 아홉 살 때 달콤한 사탕 한 주먹을 건네준 소년일 수도 있고 어느 비 오는 날 공원으로 함께 산책을 나갔던 남자 아이일 수도 있으며 아니면 서커스 광대를 알고 있던, 귀가 이상하게 생긴, 늘 땅콩을 주던 꼬마일 수도 있습니다.

혼외 관계에 빠지는 물병자리 여성은 드뭅니다. 예외적으로 유혹을 받을 수는 있지만 부도덕한 관계는 이들의 천성에 맞지가 않습니다. 그런 경우가 있다고 하더라도 비밀 연애는 오래지 않아 완전히 끝나 버립니다. 하지만 이혼하는 경우는 종종 있습니다. 그럴 만한 이유가 있지요. 그녀는 참을 수 없는 상황이 되면 갑자기 차갑게 변해 버립니다. 하룻밤 사이에 사라져서는 돌아오지 않습니다. 이혼을 추구하거나 즐기는 것은 아니지만, 보다 감상적인 다른 별자리 여성들보다는 충격을 덜 받습니다. 알다시피 천왕성은 변화를 주관하는 행성입니다. 물병자리 여성은 긴긴 친구 목록을 가지고 있지만, 필요하다면 혼자 길을 가는 것을 망설이지 않는 진정한 개인주의자입니다.

물병자리 여성은 당신의 모든 비밀을 다 밝히거나 당신의 모든 꿈을 다 분석할 때까지 당신의 마음을 계속 연구할 것입니다. 하지만 그녀의 개인적인 생각을 분석하려고 하지는 마세요. 물병자리 여성과는 이런 면에서 공정한 게임을 할 수 없습니다. 그녀는 자신의 동기는 숨긴 채 가끔 당신을 일부러 헷갈리게 만드는 엉뚱한 즐거움을 누리기도 합니다. 그녀는 대체로 솔직하지만, 물병자리 여성에게 있어서 거짓말을 하는 것과 이야기를 전부 다 하지 않는 것은 다른 문제라는 점을 꼭 기억하세요.

당신에게 한 가지 위안이 될 만한 소식은, 물병자리 여성들은 돈에 대해서는 빈틈이 없다는 점입니다. 물병자리 여성에게 돈을 빌릴 계획이 있지만 않다면 좋은 소식이지요. 그녀는 처음 한두 번은 돈을 빌려 줄 수 있지만 당신이 신용을 지키지 않으면 자동차 할부금이 밀렸을 때 당신을 대하는 은행 직원보다도 더 냉정해질 수 있습니다. 전형적인 물병자리는 (드문 경우지만) 돈을 빌렸을 때에는 기일을 반드시 지켜서 정확하게 갚을 것입니다. 물병자리 아내를 둔 사람은 모든 남성들의 악몽인 아내의 카드 대금을 별로 걱정할 필요가 없습니다. 물병자리 여성은 돈을 빌리는 것 자체를 불편해합니다. 빚지고 사는 일은 천왕성의 본성과 맞지 않습니다.

물병자리 여성의 외모는 약간 헷갈리는 부분이 있습니다. 대부분 사랑스럽고 인상적이고 생각에 잠긴 듯한 매력이 있지만, 때에 따라 변할 수도 있습니다. 부드러운 생크림 같은 인상을 보이다가도 천왕성의 전기 충격처럼 순식간에 짜디짠 피자 같은 인상을 풍기기도 합니다. 물병자리 여성은 천칭자리 여성 다음으로 가장 아름다운 사람들입니다. 그들은 적어도 흥미로운 외모를 가지고 있습니다. 물병자리가 옷 입는 스타일은 길 가던 사람도 멈춰 서서 바라보게 만듭니다. 꽤 많은 물병자리 여성들이 패션 잡지의 커버에 나올 만한 우아함이 있지만, 일반적인 물병자리 여성들의 옷 입는 스타일은 정말 다양합니다. 노숙자들이나 좋아할 만한 외투를 입을 수 있을 정도로 꾸밈없는 개인주의 덕분에 아주 독특한 연출이 가능합니다. 유행이라면 어릿광대 같은 패션이라도 가장 먼저 시도하고 그러면서도 할머니 스타일을 고수합니다. 무엇이든 대수롭지 않게 여기는 전형적인 물병자리의 성향으로 복고풍의 리본과 최신식 메탈 느낌의 재킷을 함께 코디하기도 하는데 그 결과는 좀 당황스러울 수도 있습니다. 레이스가 달린 잠옷 같은 옷을 입고 공식 연회에 가기도 하고, 고풍스러운 깃털 장식 모자를 쓰고 동네 슈퍼에 가기도 하며, 배꼽이 드러난 셔츠를 입고 오페라를 보러 가기도 하고, 대극장에 운동화를 신고 가기도 하며, 동물원에 가면서 다이아몬드를 걸치고 중고 가게에서 산 구식 드레스를 입기도 합니다.

물병자리 여성은 머리 스타일도 아주 독특한 편입니다. 머리를 길게 늘어뜨리는 스타일도 성격만큼이나 예상치 못한 스타일입니다. 엉성하게 땋은 머리, 묶은 머리, 쪽을 찐 머리, 폭포처럼 흘러내리는 머리, 배 타는 사람처럼 짧은 머리, 무성영화 시대 여배우 스타일 머리, 또는 젓가락처럼 쭉쭉 뻗은 머리 등 어떤 스타일도 할 수 있습니다. 한 가지, 이 지구상에서 동시대에 살고 있는 여성들이 하는 머리 스타일은 절대로 아니라는 점만은 확실합니다.

물병자리 여성과의 대화는 최악의 경우라도 놀라운 경험이 될 것입니다. 매력적인 태도로 대체로 수줍어하면서 속내를 별로 드러내지 않습니다. 그러다가 갑자기 천왕성의 기운이 발동하면 사람들이 얘기하던 것과는 전혀 관계없는 말을 불쑥 내뱉습니다. 주식시장 파동에 대해 얘기하고 있었는데 갑자기 이런 말로 끼어듭니다. "우드로 윌슨, 잭 케네디, 허버트 후버, 해리 트루먼, 캘빈 쿨리지, 벤저민 해리슨, 프랭클린 루스벨트, 그리고 윌리엄 매킨리는 모두 이름에 알파벳이 겹쳐서 들어가 있는 거 알아요?" 그런 질문에 대답할 수 있는 방법은 단 한 가지밖에 없습니다. 밀러드 필모어, 율리시스 그랜트, 토머스 제퍼슨을 빼먹었다고 말해 주세요. 그러고는 부드럽고 단호하게 다시 주식시장 이야기로 돌아가세요. 보통 사람의 두뇌는 상당히 논리적인 단계에 따라 작동하지만 물병자리 여성의 두뇌는 무슨 번개처럼 과거에 갔다가 다시 미래로 갔다가 다시 현재로 돌아오면서 왔다갔다합니다. 이따금 아무도 예상하지 못한 아주 예리한 말을 내뱉기도 합니다. 예를 들어, 우주 여행에 대해 어떻게 생각하는지 물으면 "아주 어릴 때는 별들이 마치 하늘이라는 바닥에 구멍이 나서 그 구멍을 통해 빛이 나오는 거라고 생각했어요."라고 대답할 것입니다. 또 당신이 눈사람이 녹아서 속상하다고 얘기하면 이렇게 대꾸할지도 모릅니다. "그냥 질척이는 눈인데 뭘 그러세요." 뭔가 몽롱한 태도에서 갑자기 아주 현실적인 태도로 바뀌지요. 또 수줍음을 타다가 금세 소란스러워집니다. 물병자리 여성은 비행접시 이야기를 완전히 무시하다가도 창턱에 앉아 있는 물방울 무늬 요정 이야기를 들려 줄 것입니다. 절대로 그녀를 깔보는 투로 말하지 마세요. 당신과 동등하게 대하지 않는다고 화를 낼 것이며, 무심한 태도로 닿을 수 없는 곳으로 숨어 버릴 수도 있습니다.

천왕성은 미래를 지배하는 행성이므로 당신은 물병자리 여성이 타고난 어머니가 될 수 있을 거라고 생각할지 모릅니다. 아이들도 결국에는 미래에 속하니까요. 하지만 보통의 물병자리 여성은 처음에는 모성애라는 것을 당황스러워합니다. 온갖 곳에 관심을 두고 살아왔지만 일정 기간 동안 한 존재에게 모든 관심과 에너지를 쏟아야 하는 상황은 처음이므로, 적응하려면 훈련이 좀 필요하겠지요. 타고난 무관심 때문에 따뜻한 애정을 겉으로 표현하는 것도 어렵게 느낄 수 있습니다. 전형적인 물병자리 어머니는 아이에게 헌신적이지만, 한편으로는 약간 거리를 두는 것도 사실입니다. 하지만 가장 열성적인 학부모회 회원으로 활동할 것입니다. 몇 시간이고 아이들의 눈높이에 맞추어 즐거운 수다를 떨어 주고, 절대로 윗사람 행세를 하지 않으며, 학교에 일이 있다면 기꺼이 개인적인 오후 시간을 포기하기도 합니다. 아이들은 그런 엄마를 지켜보면서 형제애와 인간애를 배울 것입니다. 물병자리 어머니는 절대로 지나치게 아이들을 감싸고 돌지 않습니다. 아주 당황스러운 고백에도 관대한 입장을 취합니다. 천왕성의 어머니들은 아이들이 어떤 행농을 했건 솔직히 말하는 경우에는 벌을 주지 않습니다. 아이들은 넓은 아량이 있는 엄마에게 자신감 있게 얘기하는 것이죠. 물병자리 엄마는 또한 아이가 침대 밑에 괴물이 숨어 있다고 믿을 때나 운동장에서 다른 아이들에게 무시당해서 속상해할 때 잘 다독거려 줍니다. 울고 있던 아이를 순식간에 웃게 만들 수 있습니다. 당신의 아이들도 물병자리 어머니가 아주 재미있고 가끔은 허둥거리기도 하고 집안일에 느긋한 편이며 숙제를 잘 도와주고 아플 때에는 따뜻하게 간호해 주는 사람임을 알게 될 것입니다. 지나친 애정으로 숨 막히게 하거나 잔소리를 하지도 않습니다. 아이에게 세 번이나 손을 씻으라고 했는데 여전히 씻지 않았다 해도, 엄마는 그것보다 아이가 과학 시간에 무엇을 배웠는지에 더 관심을 많이 가질 것입니다.

어쩌면 너무 앞서 나갔는지 모르겠네요. 비록 물병자리가 일의 순서를 바꾸는 것을 좋아하기는 하지만, 어머니가 되기 전에 아내부터 되어야겠죠. 그리고 당신의 아내로 맞아들이기 전에 당신은 결혼이 감옥이 아니라는 확신을 그녀에게 주어야 할 것입니다. 그녀는 결혼을 빨리 하려고 하지도 않을 것입니다. 당신을 파악하고 분석하고 시험하고 당신을 화나게 하는 것이 무엇인지 다 알아내기 전에는 결혼을 서두르지 않을 것입니다. 호기심에 친구들이나 가족들에게 의견을 물어보기는 하겠지만, 물병자리 여성에게는 전혀 중요하지 않습니다. 자기만의 잣대로 당신을 파악할 것입니다. 당신이 테스트에 합격한다고 해도 물병자리 여성에게 결혼은 여전히 혼란스러운 것일 수 있습니다. 당신이 어떤 조언을 해 줄 때에는 기쁘게 듣겠지만 물병자리 여성은 누군가의 지시를 명백하게 따르는 것을 무의식적으로 거부하는 경향이 있습니다. 그녀가 빵을 구울 때 정해진 레시피대로 하지 않는 것처럼 당신이 차를 정확하게 어디에 주차하라고 해도 그렇게 하지 않을 때가 많습니다. 물병자리 여성의 사고 방식에는 뭔가 조금만 다르게 하면 훨씬 나을 것이라고 믿는 그런 독특한 부분이 있습니다. 하지만 자신의 귀여운 방법대로 하면서도 고개를 끄덕이며 동의하는 듯한 미소를 보입니다. 커피를 끓이거나 연필을 깎거나 스케이트를 타거나 거리를 건널 때에도 뭔가 조금씩 다르게 하고 싶다는 욕구를 계속 느낍니다. 스웨터를 거꾸로 입거나 우유에 위스키를 섞거나 어항에 꽃을 꽂거나 면도용 로션을 린스로 사용하거나 당신 책상 위에 돌멩이를 늘어놓는다거나 하는 식이지요. 하지만 이유는 묻지 마세요. 자신도 모르니까요. 물병자리 여성의 파장이 독특하고 색다른 것뿐입니다.

물병자리 여성의 천성은 인간미가 좀 부족하기 때문에 깊은 감정을 표현하는 것이 좀 어려울 수 있습니다. 갑자기 프로스트*와 요기 베라**를 섞어 놓은 듯한 이야기를 하는 경우를 제외하고는, 사랑의 표현은 거의 하지 않으며 육체적인 정열은 정신적인 사랑과 분리되지 않습니다. 비록 독특한 물병자리 인생관으로 인해 특이한 남성에게 빠지는 경우도 있지만, 제대로 된 짝을 만나면 행복한 결혼 생활의 전형을 보여 줍니다.

물병자리 여성은 몇 날 며칠이라도 우아한 백조처럼 물 위를 거닐 수 있지만, 연애 관계에서는 어설픈 곰처럼 행동할 수도 있습니다. 물병자리에게는 우정과 사랑의 경계가 종종 사라집니다. 연인들이 그저 서로만 바라보는 사랑 노래를 들으면 어리석다고 생각합니다. 두 사람이 서로 쳐다보고 있으면 세상이 온통 황홀해지지

---

* 로버트 프로스트(Robert Frost, 1874~1963): 미국의 전원시인. 「가지 않은 길」로 유명하다.
** 요기 베라(Yogi Berra, 1925~): 미국의 야구선수.

만, 아무것도 안 하면서 얼굴만 쳐다보고 있는 것은 끔찍한 시간 낭비라고 생각합니다. 그녀는 기꺼이 당신과 손을 맞잡고 일출을 지켜보거나 골동품 자동차를 구경하고 길거리 풍경을 보거나 박제된 부엉이를 보고 교회 첨탑에 걸린 빨간 풍선을 구경하고 싶어 합니다. 하지만 너무 두 사람만 있으려고 하지는 마세요. 그녀가 원할 때에는 혼자 이상한 나라를 돌아다니게 하세요. 그녀도 당신이 친구들과 카드 게임 하는 것을 뭐라 하지 않을 것입니다.

물병자리 여성을 떠나 보내는 가장 빠른 길은 질투심이나 소유욕 또는 편견을 보이는 것이며, 그녀에게 비판적이고 고지식하며 아주 보수적인 태도를 보이는 것입니다. 그녀의 독특하고 다양한 친구들을 싫어하는 것도 아주 좋은 방법입니다.

물병자리 여성은 갑작스러운 영감이 떠오를 때가 있고, 직감이 훌륭합니다. 물병자리 여성의 판단은 처음에는 잘못되었거나 실용적이지 않은 것처럼 보이지만, 그 이유는 물병자리가 몇 달 몇 년 앞을 내다보기 때문입니다. 물병자리 여성은 미래 속에서 살고 있으니 그녀를 통해서만 미래에 가 볼 수 있는 것이죠. 물병자리 여성이 말하는 것은 언젠가는 현실로 이루어질 것입니다. 물론 지연되기도 하고 문제도 생기겠지만, 언젠가는 이루어집니다. 결국 물병자리 여성에게 있어서 가장 특별한 부분은 이런 점이 아닐까 생각합니다. 그녀는 어떤 면에서는 마술 같은 사람입니다.

물병자리 어린이

~~~
~~

저 땅속 낯설고 신비로운 이상한 나라에서
새와 짐승과 다정하게 재잘거리며
헤매고 다니는 꿈의 아이를 좇아.
그것이 정말 사실인 듯.

옛날 자장가에 따르면 아기가 파란색 옷을 입고 있으면 가위와 달팽이 그리고 강아지 꼬리로 만들어진 남자 아이라고 합니다. 아이가 분홍색 옷을 입고 있으면 설탕과 향신료 그리고 모든 좋은 것들로 만들어진 여자 아이랍니다. 하지만 아이가 2월생이라면 남자 아이 여자 아이 할 것 없이 파란색 모자를 씌우고 새파란 부츠를 신기고 자장가 가사는 잊어야 합니다. 그 아이는 우라늄 원석으로 만들어졌으며, 당신은 아이를 붙잡으러 미래로 날아가야 할 것입니다.

2월에 태어난 물병자리 아이는 아주 예민하고 고집세며 창의력과 강한 충동으로 똘똘 뭉친 독립적인 존재입니다. 동쪽별자리에 아무리 느리고 신중한 황소자리가 있다고 해도 아이의 머릿속은 번개처럼 빨리 회전하고 있을 것입니다. 아이의 생각은 고주파처럼 진동하고, 아이가 자라면서 당신은 누군가에게 구조 신호를 보내야 할 것 같은 기분이 들 것입니다.

모든 부모들은 자신의 아이가 다른 아이들에 비해 특별하고 남다르다고 생각합니다. 하지만 물병자리 아이는 우스꽝스럽습니다. 어린 물병자리 자녀를 둔 부모들은 아이가 이웃 사람들을 놀라게 하지 못하도록 시골 농장으로 보내야 할지 아니면 언젠가 퓰리처상을 탈 수도 있다는 소문이 퍼지게 놔둬야 할지 당혹스러워합니다. 당신이라면 어느 쪽을 택하시겠습니까? 고민이 될 것입니다. 당연히 그렇지요. 퓰리처상을 타는 것도 불가능하지는 않지만, 저는 일단 여름방학 동안에 시골에 몇 번 보내고 지켜보는 쪽을 제안합니다. 지켜만 보세요.

인내심을 가지고요. 아이는 새로운 농기계를 고안해 낼 수도 있고 아니면 기계들을 다 망가뜨릴 수도 있습니다. 경우에 따라 다릅니다. 물병자리에게는 아무것도 결정된 것이 없습니다.

　뉴욕에 사는 제가 아는 한 엄마는 물병자리 아들을 늘 '브롱크스*의 불가사의'라고 불렀습니다. 친척과 이웃도 그 엄마만큼 어리둥절했을 것입니다. 그 별명이 아이가 머리가 셋이라는 뜻인지 아니면 명예의 전당에 이름이 오를 거라는 뜻인지는 아무도 몰랐지요. 아이가 야구를 아주 잘해서 사람들은 대부분 그래서 붙여진 별명인가보다 생각했습니다. 하지만 그렇게 성급하게 판단할 필요는 없답니다. 아직 이야기가 끝나지 않았으니까요. 그 아이는 브로드웨이 무대에 오르거나 쓰레기통에 던져질지도 모를 뮤지컬 음악을 작곡하고 있으며, 탐정 영화에서 연기를 하고 있고 광고에도 출연하고 있답니다.(날아다니는 비행접시가 자동차 판촉 현장에 접근하는 장면에서 화성인이 나오는 광고입니다.) 또한 자기 방에서 (뉴욕

---

*　브롱크스(Bronx) : 뉴욕의 가장 북쪽에 있는 자치구.

메츠 야구 경기를 보면서 피클 샌드위치를 먹는 중간마다) 뭔가 발명품을 만드는데 아무한테도 무슨 발명품인지 얘기해 주지 않기 때문에 저도 뭔지 알려 드릴 수가 없네요. 시계에 유별나게 관심이 많으니 어쩌면 타임머신과 관계가 있을지도 모르지요.(물병자리는 타임머신에 집착하는 경우가 많답니다.) 두고 보면 알겠지요. 서두를 필요가 없습니다. 물병자리는 쉰 살이 되기 전에는 자신의 천재성으로 세상에 전기 충격을 주는 일은 잘 하지 않으니까요. 그때까지는 안절부절 못하면서 기다리는 수밖에요. 물론 아주 어린 물병자리 영재도 있기는 하지만 여기서는 일반적인 물병자리 아이들에 대해 이야기하고 있습니다.

물병자리 아이는 미국연방수사국FBI이나 사설탐정 팀에 합류할 수도 있습니다. 미스터리를 파헤치는 일을 좋아하니까요. 아니면 평범하고 합리적이고 보수적인 시민이 될 수도 있습니다.(너무 걱정할 필요는 없습니다. 그냥 가능성이 있다는 말입니다.) 아이가 어릴 때에 더 집중해서 관찰할 필요가 있습니다. 그래야 이 물병자리 로켓이 방향을 잘 설정할 수 있도록 인도해 줄 수 있으니까요.

물병자리 아이는 나이가 좀 들어 성숙해지면서 천왕성의 영향이 좀 부드러워지고 사회로부터 보다 전통적인 태도를 익힐 때까지는 상당히 부정적인 모습을 보일 수 있습니다. 명령에는 물론이고 심지어 기분 좋게 부탁을 해도 종종 즉각적이고 단호하게 부정하는 반응을 보입니다. 하지만 아이에게 곰곰이 생각해 보도록 하면 놀랍게도 상당히 합리적인 최종 답변을 내놓습니다. 아이가 스스로 찾은 답은 정확하고 수용할 수 있는 답입니다.

물병자리 아이는 겉으로 차분하고 유순해 보일 수도 있지만 북풍이 불면 갑자기 뒤죽박죽이 됩니다.(물병자리에게는 '박죽뒤죽'이 될 수도 있겠네요. 어떤 것이든 가능합니다.) 늘 어디로 튈지 전혀 예측할 수 없는 물병자리 아이는 사랑스럽고 재미있지만 대적하기에는 너무 빠른 프로펠러와도 같습니다. 물병자리와 천왕성이 비행기나 린드버그* 사건 같은 것을 주관하기 때문에 이런 비유를

---

* 찰스 린드버그(Charles Lindbergh, 1902~1974) : 미국의 비행사. 최초로 대서양 무착륙 단독비행에 성공했다.

사용했습니다. 하지만 물병자리 아이는 자연스럽게 비행 원리를 받아들이면서도 역설적이게도 대부분 비행기나 엘리베이터, 심지어 전기(마찬가지로 천왕성이 주관하지요.)에 대해 이상하고 터무니없는 공포심이 있습니다. 이 아이가 방향을 잘 정하도록 하는 일은 쉽지 않습니다. 하지만 물병자리 아이는 어디로 가고 있는지는 모르더라도 어떻게 가야 할지에 대해서는 정확한 아이디어를 가지고 있답니다.

이런 '불가사의'를 키우고 가르치는 일에는 책임감이 많이 필요합니다. 물병자리 아이는 확고한 실용성과 탁월한 인식력 그리고 날카롭고 면밀한 논리를 함께 가지고 있습니다. 이 모든 것이 다 합쳐지면 상당히 당황스러운 순간을 연출하기도 합니다. 어린 물병자리 자녀가 당신의 가장 친한 친구에게 왜 얼굴을 잡아당겼느냐고 묻는다거나(실제로 성형수술을 한 친구입니다.) 또는 당신의 삼촌에게 왜 세금을 속였느냐고 물어볼 때가(실제로 세금을 줄이려고 소득 신고를 적게 했습니다.) 그런 순간들입니다.

물병자리 아이는 친구들을 잘 도와줍니다. 물병자리 아이에게 새로 장화 한 켤레를 사 주면 첫날 신발이다 닳아 해질지도 모릅니다. 이웃집 아이들이 썰매를 탈 수 있도록 눈을 밟아서 매끄럽게 만드느라 신발이 다 닳아 버렸거든요.

물병자리 아이는 꿈이 하나 생기면 얼마 가지 않아 새로운 꿈을 가지게 될 것입니다. 여자 아이라면 파블로바*도 울고 갈 최고의 발레리나가 되고 싶어 하다가, 또 최초의 여자 대통령이 되는 꿈도 가졌다가, 퀴리 부인 같은 과학자가 되고 싶어 하기도 합니다. 남자 아이라면 해양학자, 어류학자, 고고학자, 인류학자, 해충 구제자, 또는 나무 치료 전문가가 되고 싶어 할 수도 있습니다. 일반적인 직업, 즉 간호사, 비서, 회사원, 영업사원, 교사, 은행원, 증권 중개인 등은 물병자리 아이들의 환상과 비교할 때 너무 지루한 직업들입니다. 언젠가는 직업을 갖겠지만, 아이의 원래 꿈은 항상 머리 한구석에 남아서 절대로 잊히지 않을 것입니다. 좀 이상하게 들리겠지만 물병자리는 때로 무엇엔가 집중하면서 기다리기만 해도 실제로 그 일이 일어나게 할 수도 있습니다.

* 안나 파블로바(Anna Pavlova, 1881~1931): 러시아의 발레리나.

물병자리 아이를 둔 부모는 매일매일 무슨 일이 일어날지 예측할 수 없습니다. 그 아이는 비가 올 때 집 안에만 있는 것을 싫어할 수도 있습니다. 당신이 아끼는 은수저를 들고 밖에 나가서 집 뒤뜰에 있는 작은 언덕이 비에 쓸려 가지 않도록 물길을 파 줄 것입니다.

어린 시절에 자주 들었던 이런 노래 기억하시지요? '곰이 산을 넘어갔다네. 곰이 산을 넘어갔다네. 곰이 산을 넘어갔다네. 옛날에 봤던 풍경을 다시 보기 위해서라네. 산 너머에는 산 너머에는 산 너머에는 전에 봤던 풍경들뿐이었다네.' 당신의 물병자리 아이는 이보다는 운이 좋아서 그 산 너머에서 무언가를 찾아낼 것입니다. 금 덩어리일 수도 있고 새로운 딱따구리 종을 발견할 수도 있지만, 어쨌거나 물병자리 아이의 탐험은 헛수고로 끝날 일이 거의 없을 것입니다.

물병자리 아이의 유아기 시절을 건너 뛴 이유는 물병자리 아이에게는 유아기 시절이 없기 때문입니다. 이 아이는 처음부터 어른으로 태어납니다. 물론 아장아장 걷는 시기는 있지요. 이렇게 위태로운 시기에는 맹도견을 한 마리 사서 아이가 적어도 열 살이 될 때까지 집 안에 두는 것이 좋습니다. 물병자리 아이는 동네를 다닐 때 사고가 생기기 십상이기 때문입니다. 아이는 구름에서 내려와 안개로 가득 찬 거리를 마구 달려가다가 공중전화 부스나 우편함에 부딪히는 경우도 있습니다. 딴 데 정신을 팔다가 발목을 삐거나 뼈가 부러지거나 또는 학교 선생님들의 분노를 사기도 합니다. 학교에서 아이에게 천재 기질이 보인다는 생활기록부를 받으면 너무 자랑스럽다가도 '수업 시간에 전혀 집중을 못함. 하루 종일 창밖을 내다보면서 손목시계만 가지고 놈.'이라든가 '집중을 전혀 하지 않음. 공부는 하지 않고 하루 종일 발레 슈즈의 바닥을 수선함.'이라고 적힌 교사의 통신문을 받으면 속이 상하겠죠. 물병자리 아이에게 수업은 지루한 인고의 시간일 뿐입니다. 그렇게 유난 떨 필요는 없습니다. 아이는 그리니치 천문대 기준 시간에 미치는 하지점의 영향을 이해하려고 했을 뿐이고, 어떻게 벌레가 나비가 되는지 궁금해했을 뿐입니다. 아이들의 입장에서는 아주 논리적인 이유지요. 학교는 정말 지루합니다. 아이들의 잘못이 아닙니다. 하지만 그것을 증명하려면 이번 세기에는 불가능할지 모릅니다.

교사들은 물병자리 아이가 차근차근 설명하지 않는다고 불평하는 경우가 많습니다. 교사가 칠판에 문제를 다 쓰기도 전에 그 복잡한 수학 문제를 어떻게 풀었는지 얘기를 안 한다는 것이지요. 그럴 만한 이유가 있습니다. 천왕성의 직관력이 있는 물병자리 아이는 보이지 않는 파장의 힘으로 문제를 푸는데 그 과정이 너무 빨리 진행되기 때문에 기억할 수 없답니다. 물병자리는 아이는 자기 집 주소를 잊는 것도 다반사고, 심지어 자기 성이 무엇인지 잊기도 하며, 집에 몇 시에 와야 하는지 잊는 것도 예사입니다. 당신의 뛰어난(물병자리 아이는 대체로 그럴 가능성이 높습니다.) 물병자리 아이에게는 인간 컴퓨터가 되기보다는 목표를 넓게 잡으라고 가르쳐야 합니다. 아이는 자신의 생각을 논리적인 순서에 따라 정리하는 일이 중요하다는 점을 배워야 합니다. 그렇지 않으면 잠재적인 천재, 철학자, 엔지니어, 과학자, 의사, 변호사 또는 정원사나 택시 운전사는 기이한 어른으로 성장하여 한 번에 여러 가지 일에 에너지를 쏟게 되고, 결국 재미는 있지만 별로 성과는 없는 일만 쫓아다니는 결과를 초래할 수 있습니다.

아이가 육체적인 활동에 많이 참여하도록 격려해 주세요. 그렇지 않으면 아이는 해로운 무력함에 빠져들게 되어 몇 시간이고 몽상에 빠져서 시간을 보낼 것입니다. 물병자리 아이는 스포츠에 대단한 애정이 있는 경우가 많음에도 불구하고, 몸을 움직이게 만들려면 극단적인 조치를 취해야 할 때가 종종 있습니다. 정신적으로 보면 물병자리 아이는 속도광입니다. 하지만 몸은 좀 느린 편이어서 집 안에 있을 때에는 늘어지는 편입니다. 물병자리 아이는 새와 나무와 바다와 같은 자연에 감정이입을 잘하는 편입니다. 물병자리 아이는 단체 활동보다는 혼자 독립적으로 탐험하는 것을 더 좋아합니다. 책임을 회피하고 싶은 마음에 늘 "난 못해."라고 말하는 경향이 있는데 이것도 경계해야 합니다. 물병자리 아이는 당신이 내버려 두면 수동적인 태도로 일관할 것입니다. 아이에게 스스로를 속이고 있을 뿐이라는 점을 가르쳐 주세요. 스스로 결정을 내리도록 하되, 그 결정을 밀고 나가도록 북돋워 주시기 바랍니다.

집 안에 긴장감이 돌고 있으면 아이가 심각하게 불안해할 수 있습니다. 물병자리 아이는 다른 사람의 영혼을 거의 꿰뚫어 볼 수 있고 말하지 않은 생각도 들을 수 있기 때문에, 그것이 아이를 힘들게 하고 오랫동안 불행한 느낌을 받을 수 있습니다. 서른이 다 되어서도 괴상하고 건망증 심한 독신남녀로 아이를 키우고 싶지 않다면, 조용함과 조화 그리고 집중과 기억을 장려해 주세요.

물병자리 아이에게 무언가 말할 때에는 그 내용과 방법에 신경을 많이 써야 합니다. 상상력이 풍부하고 놀라울 만큼 지성이 예리한 물병자리 아이는 어린 시절에 누군가의 생각을 받아들이면 단단하게 뿌리를 내려서 어른이 되어서도 고정관념을 가질 수 있습니다. 손을 씻으라고 지나치게 강조하거나 "남의 컵으로는 물을 마시지 마라. 더럽단다."라고 계속 주의를 주면 성인이 되어서도 지나친 공포심을 느끼게 되어 다른 곳을 방문할 때 주머니에 자기 물잔을 따로 챙겨 가는 버릇이 생길 수도 있습니다. 사고를 당하기 쉬운 물병자리가 주머니에 넣은 물잔을 그냥 깔고 앉기라도 한다면 어떻게 될지 상상이 가실 겁니다. 게다가 모든 걸 갑작스럽게 하는 버릇이 있으니까요.

물병자리 아이들은 남녀 모두 친구가 정말 많습니다. 매일 적어도 열 명의 새 친구를 사귑니다. 길거리 환경미화원에서부터 무단 결석 학생 지도원, 그리고 지금은 사탕 가게를 운영하는 전직 낙하산 부대원까지 다양합니다. 어느 날에는 록펠러라는 이름을 가진 어린 친구를 집에 초대할지도 모릅니다. 그렇다고 걱정할 필요는 없습니다. 당신의 아이는 상류층을 동경하는 속물이 아닙니다. 아이는 록펠러가 누구인지 전혀 모릅니다. 그저 또다른 한 명의 '친구'에 불과합니다.

　　물병자리 자녀는 사춘기 문제로 당신에게 걱정을 끼칠 일은 없습니다. 사실 물병자리 아이가 남녀를 좀 구분하도록 주의를 주어야 할 정도입니다. 물병자리는 이성에 너무 빠져드는 경우가 거의 없습니다. 특히 괴상한 옷을 입고 머리 가르마도 이상하게 타는 걸 보면 그냥 단순히 이상하다는 표현이 더 맞을 것입니다. 대개는 이 시기가 마음속에 감춰 두었던 시에 대한 사랑이 나타나는 때이므로 잘 격려해 주어야 합니다. 당신의 어린 물병자리 자녀는 주머니에는 개구리를 넣고 다니고 눈 속에는 별을 담고 다니지만, 아주 특별한 아이라는 사실은 분명합니다. 물병자리 아이는 인도주의적이기도 합니다. 사람을 좋아합니다. 이것이 얼마나 드문 경우인지 아세요? 전체 사회가 물병자리의 시대로 접어들었으므로, 물병자리의 편견 없는 지혜가 우리를 이끌 것입니다. 물병자리 아이는 미래의 약속(개구리와 별, 그리고 피클 샌드위치, 기타 등등)을 실현시키기 위해 운명적으로 선택되었습니다. 아이에게 '21세기의 기적'이라는 별명을 지어 주고, 그 이유가 무엇인지 주변 사람들이 추측해 보게 하세요.

# 물병자리 사장

〰

"그럼 폐하가 가장 잘 기억하는 일은 어떤 것들인데요?"
앨리스가 따져 물었다.
"음, 다음다음 주에 일어날 일이지."

우선 다시 한 번 확인해 보세요. 당신 사장의 생일이 정말로 1월 말에서 2월 중순 사이인가요? 당신 사장이 확실히 물병자리인가요? 천왕성이 지배하는 물병자리 사장은 흰색 판다곰만큼이나 희귀하답니다. 만약 사장이 확실히 물병자리라면 동물원에 보내지는 못하더라도 수집품이 될 정도로 진귀한 사람입니다. 언젠가 가치가 아주 높아질 것입니다.

전형적인 물병자리는 아침부터 출근해서 저녁에 퇴근해야 하느니 차라리 굶어 죽는 쪽을 선호합니다. 대부분의 물병자리는 결정 내리는 것을 싫어하고, 지시를 내리는 것도 불편해하며, 사람들을 지휘하고 싶은 마음도 별로 없고, 고루한 임원 회의에도 어울리지 않습니다. 그렇다고 물병자리 사장이 무능력하다는 뜻은 아닙니다. 천왕성은 원래 놀라움으로 가득 차 있어서 완전히 자격 미달이던 물병자리 사장이 나중에는 회사에 없어서는 안 될 귀한 존재가 되는 것도 그런 놀라움 중에 하나일 것입니다.

물병자리 사장은 앞서 말한 의무 사항들 때문에 가끔 자신의 지위가 부담스러워지면 가방에서 새로운 요령을 몇 개 꺼냅니다. 물병자리 사장은 때로 정신을 딴 데 팔고 건망증이 심해지거나, 괴상하고 예측 불가능해지거나, 어떤 때는 수줍음을 타고 어떤 경우에는 대범합니다. 하지만 그 이상하고 희미한 눈빛과 무심하고 거리를 두는 듯한 태도 뒤에는 속도위반 단속 카메라 같은 예리함이 숨어 있습니다. 또한 아주 정확하고 본능적인 통찰력을 겸비하고 있어서 미래를 볼 수 있는 수정 구슬을 주머니에 가지고 있는 게 아닐까 생각하게 될 것입니다. 분석하고 해부하고 마치 면도날처럼 예리한 통찰력으로 사물을 판단하는 능력에다가 덤으로 회사의 아르바이트생에서부터 가장 중요한 고객까지 모든 사람들과 따뜻한 친구가 되는 타고난 소질을 갖추고 있습니다. 더불어 폭넓고 자유로운 천왕성의 철학으로 미래를 내다보고 남들이 하찮은 문제로 허둥대는 동안 최대한 큰 그림을 파악할 수 있는 능력도 겸비하고 있으니, 앞서 말한 놀라움이라는 것이 무슨 의미인지 이해가 갈 것입니다. 일반적인 물병자리는 사장 역할에 부적합하기는 하지만 실제로 일이 닥치면 그 역할을 위해 태어난 사람처럼 쉽게 해 내기도 합니다. 절대로 사장 역할을 위해 태어난 사람들이 아닌데도 말이지요.

물론 동전에는 양면이 있습니다. 그는 어쩌면 당신을 부를 때 "비서 씨……, 음, 미스……, 이름이 뭐라고 했지?"라고 할지도 모릅니다. 그는 당신 모르게 혼자 아주 복잡한 계획을 미친 듯이 만들어 내고는 마지막에야 당신에게 불쑥 내놓기도 합니다. 완전히 새롭고 전혀 예상하지 못한 일을 지시해서 당신을 짜증나게 할 것이며, 그렇게 바꾸는 이유가 무엇인지는 전혀 설명해 주지도 않을 것입니다. 하지만 솔직히 말하면 그럼에도 불구하고 당신의 물병자리 사장은 좀 사랑스러운 구석이 있지요? 일단 그 독특한 방식과 갑작스러운 변경과 예상치 못한 놀라움에 익숙해지고 나면 대부분의 물병자리 사장은 짜증스럽기보다는 사랑스러운 무언가가 있습니다. 그는 또한 일단 결심하고 나면 아주 확고한 경향을 띠기도 합니다.

제가 당신이라면 물병자리 사장에게 돈을 빌리려고 하지는 않을 것입니다. 전형적인 물병자리 사장은 사람들이 수입보다 더 많은 돈을 지출하며 사는 것에 동의하지 않습니다. 물론 아주 안락하고 고급스러운 환경에서 사는 물병자리도 있지만, 대부분은 초라한 단칸방에 살면서 가난한 사람들에게 보다 나은 주거 환경을 제공하기 위한 일을 하루에 스무 시간씩 하고 있을 것입니다. 급여 인상에 있어서도 충동적이지 않습니다. 동시에 인색하지도 않지요. 물병자리 사장 밑에 있으면 당신은 받을 만큼만 받을 것입니다. 더 많지도 더 적지도 않습니다. 자기 몫보다 더 많은 일을 한 직원은 좀 더 후한 대우를 받을 수도 있습니다. 실수는 금물입니다. 사장은 당신이 진심으로 최선을 다할 것을 기대합니다. 그렇지 못한 경우라면 예의바르고 친절하지만 단호한 태도로 잘라 버립니다. 재고의 여지가 없습니다. 빈둥거리기 좋아하고 반만 일하고 하루치 급여를 타 가려고 하는 사람들에게 물병자리 사장은 맞지 않습니다. 물병자리 사장에게는 빈둥거림 자체가 정직하지 않은 것이며, 사장은 마치 고양이가 물을 싫어하는 것만큼이나 정직하지 않은 것을 싫어합니다.

물병자리 사장은 당신의 개인적인 삶에 대해서 판단하거나 충고할 마음은 전혀 없습니다. 하지만 호기심으로 당신의 사생활을 알고 싶어 할 것이며 개인적인 연애 문제를 캐묻는 물병자리의 호기심을 피해 가기가 매우 어려울 것입니다. 물병자리 사장에게는 어떤 얘기도 충격을 받을지 모른다는 걱정을 할 필요 없이 얘기해도 됩니다. 물병자리에게 충격적인 것은 없습니다. 12개 별자리 중에서 인간의 본성에 대해서는 가장 잘 알고 있는 별자리이며, 또한 당신을 절대로 무시하지도 않을 것입니다. 오히려 존중하는 마음이 더 크지요. 사장은 당신의 장점과 단점이 섞여서 흥미롭고 다채로운 성격을 만

든다고 봅니다. 사장은 모든 얘기를 당연하게 받아들이며 절대로 들은 이야기로 당신에 대한 판단을 바꾸지 않습니다. 시내의 술주정뱅이나 어리석고 낄낄거리는 십대들도 그에게는 대학 총장이나 주 상원의원과 똑같은 친구일 뿐입니다. 사장이 진정한 물병자리라면 말 그대로 어떤 편견이나 차별도 찾아볼 수 없을 것입니다. 바꿔 말하면 당신이 회사의 비품을 훔친다거나 마무리하지 않은 보고서를 숨겨 둘 경우에는 해고의 위험이 있겠지만, 당신이 이중결혼을 했거나 당신 아버지가 감옥에서 20년째 복역을 하고 있거나 당신 아들이 마리화나를 피우거나 또는 당신 아내가 뒤뜰에서 알몸으로 요가를 한다고 해도 사장은 그저 어깨를 으쓱하고는 그건 당신의 삶이라고 생각해 주고 오히려 당신을 비난하는 사람들로부터 당신을 옹호할 것입니다. 물병자리 사장은 당신이 보수당을 옹호해서 루스벨트 대통령 그림 옆에 캘빈 쿨리지* 대통령 사진을 붙여 두어도 상관하지 않습니

---

* 캘빈 쿨리지(Calvin Coolidge, 1872~1933): 미국의 제29대 부통령이자 제30대 대통령.

다. 당신이 지난번 회식에서 술에 만취하는 바람에 사람들이 택시에 태워서 보냈다는 소식에도 눈 하나 꿈쩍하지 않습니다. 사장을 속이거나 거짓말을 하거나 약속을 어기지만 않으면 됩니다. 그는 약속과 윤리 같은 부분에 대해서는 융통성이 없습니다.

양자리나 사자자리 사장과는 달리 물병자리 사장은 누구에게 투표하는 것이 실수라는 둥, 그 여자를 만나지 말라는 둥, 넥타이 색상이 안 맞는다는 둥의 화제로 당신을 설득하느라 에너지를 쓰지 않습니다. 또한 게자리나 염소자리 또는 천칭자리 사장처럼 당신의 견해를 바꾸기 위해 넌지시 뜻을 비치거나 설득하려는 전략을 쓰지도 않습니다. 스스로 선택한 삶의 방식으로 개인주의적 삶을 사는 당신에게 힘을 더 많이 실어 주자는 것이 물병자리 사장의 신념입니다. 마찬가지로 당신은 그의 개인적 가치관에 대해서 간섭하지 않도록 하세요. 물병자리 사장은 그런 경우에 화를 내지도 않고 별다른 감정 표현도 없을 것입니다. 심지어 미소를 짓고 고개를 끄떡이면서 무심한 눈빛을 보이겠지만, 차라리 벽에 대고 얘기하는 것이 낫습니다. 그는 거의 모든 사람의 이야기를 잘 들어 주지만, 듣기만 할 뿐입니다.

물병자리 사장은 자신만의 도덕적 기준을 정해 놓고 사생활에 대해서는 누구의 조언도 받지 않지만, 사업과 관련한 결정은 다른 문제입니다. 전형적인 물병자리 사장이라면 앞으로의 절차에 대해 모든 사람의 의견을 구할 것이며, 가끔은 최종 결정을 내릴 때 부하 직원에게 의견을 구하기도 합니다. 이런 행동에는 특정한 체계가 있어서 천칭자리의 우유부단함과는 다른 태도입니다. 물병자리는 책임을 남에게 떠넘기지 않습니다. 사장은 당신이 내렸던 결정(자신의 날카롭고 정확한 직감과는 맞지 않았지만)이 보기 좋게 실패했을 때 "내가 뭐라 그랬어."라는 표정으로 물러나 앉아 있는 것을 즐깁니다. 당신에게 교훈을 주려는 것입니다. 이런 경우를 잘 새겨야합니다. 물병자리 사장은 당신이 요청한다면 목을 매달 로프도 기꺼이 (몇 발짝 떨어진 곳에) 내려 줄 것입니다. 당신이 운이 좋다면 물병자리 사장은 당신이 왜 실패를 했는지도 정확하게 설명해 줄 것입니다. 그 정도까지 하고 나면 (이것도 정말 의외의 설명이지요.) 두 번 다시 설명하지 않습니다. 그 다음부터는 당신이 알아서 해야 합니다. 당신이 한 번에 알아듣지 못하면 그는 자신의 말에 집중하도록 만들기 위해 일부러 말을 헷갈리게 하기도 합니다.

사장은 당신이 안테나를 움직여서 스스로 주위에서 놓치고 있는 부분을 잡아 낼 수 있기를 바랍니다. 사장은 당신이 자기처럼 오렌지 껍질을 벗기거나 전화기 버튼을 누르면서, 혹은 회사 내 여러 기획서를 뒤적이면서도, 또는 여러 사람과 동시에 이야기하면서도 그 속에서 중요한 정보를 골라내서 흡수할 수 있는 천왕성의 재능을 가지고 있지 않다는 사실을 깨닫지 못합니다.

물병자리 사장과 함께 할 때에는 당신의 방식에 너무 얽매이지 마세요. 어느 날 사장이 당신에게 미리 얘기하는 것을 잊고 당신 책상을 다른 층으로 옮겨 놓는 날도 있을 것입니다. 물병자리 사장 주위에는 항상 변화의 기운이 있습니다. 어느 날 느닷없이 얼굴에 따뜻하고 친근한 미소를 머금고 들이닥쳐서 회사 창립 이래 50년이 넘게 써 오던 모든 시스템을 창밖으로 던져 버리는 황당한 일도 있을 수 있습니다. 그 대신 사장은 훨씬 더 빠르고 간단한 새로운 시스템으로 대체할 것입니다. 새로운 시스템에 그렇게 갑자기 적응하는 건 불가능하다고요? 그런 변화를 수용하려면 적어도 6개월이 걸리는데 게다가 시스템이 도대체 뭐가 뭔지 모르겠다고요? 사장은 이해하지 못할 것입니다. 사장에게는 모든 것이 너무 명확하거든요. 걱정하지 마세요. 당신도 곧 파악할 것입니다. 사장은 기다려 줄 테고요. 그는 인내심이 많거든요.

물병자리 사장은 바로 그런 사람입니다. 천왕성이 지배하는 물병자리 사장은 내면이 예민한 호기심으로 가득 차 있을지 모르지만, 일반적으로는 아주 수용적이고 침착하고 사려 깊게 심사숙고하는 모습을 보여줍니다. 제가 일반적이라고 표현한 것을 눈치 채셨을 것입니다. 물론 가끔은 사무실 밖으로 달려 나가 소방차 여섯 대를 세울 때도 있고, 사무실 카펫 위에서 거북이 경주를 시키기도 하고, 월드 시리즈 시즌에는 직원들의 책상마다 작은 텔레비전을 놓아 줄 때도 있습니다. 또한 어느 날 아침에는 그저 호기심으로 전화 교환원 역할을 자청했다가 모든 전화가 꼬이거나 끊어질 수도 있고, 그 와중에 우연히 유명한 텔레비전 방송국 부사장과 통화가 되어 50만 달러짜리 계약을 성사시켰는데 그 부사장이 계약서에 서명하러 왔을 때 막상 이름을 잊어버리는 실수를 하기도 합니다. 하지만 일반적으로 물병자리 사장은 차분하며 조심스러운 사람입니다. 가끔 약간 괴팍할 뿐입니다. 정수기 위치를 한 달에 한 번씩 바꾸는 바람에 어디에 있는지 찾아 헤매야 하고, 당신의 휴가 일정을 전혀 사전 통보 없이 바꾸어 버리기도 합니다. 하지만 당신이 집필하고 있는 캔자스시티 재즈에 대한 책을 진심으로 좋아하는 그런 사장과 함께 일하는데 그 정도 불편함 쯤이야 뭐 어떻습니까? 직원이 수염을 길러도, 비서가 모조 다이아몬드가 박힌 하얀 털 부츠를 신고 출근해도, 신입사원이 방문객 접견실에 자전거를 세워 두어도 전혀 신경 쓰지 않는 사장에게 어떻게 계속 화를 낼 수 있겠어요?

사장은 어떤 날은 당신 옆에서 계속 수다를 떨며 보내기도 하고, 그 다음 주에는 직원·고객·거래처 담당자를 모두 무시한 채 사무실에 처박혀 골똘히 생각에 잠겨 있기도 할 것입니다. 물병자리 사장은 가끔 그렇게 혼자 침잠하면서 자신의 영혼을 쉬게 해 주는 시간이 필요합니다. 당신이 회사에 입사한 지 얼마가 되었든 사장은 당신을 친구로 생각합니다. 사장은 심지어 경쟁자에게 도 좋은 친구가 됩니다. 회사의 벽에 걸려 있는 모토가 무엇이든 간에 물병자리 사장의 진짜 관심사는 우정입 니다. 누군가가 현대의 기업 문화에 대해 논하면서 이런 말을 한 적이 있습니다. "넥타이에는 음식 소스를 묻히 고 다니며, 사소한 일로 위원회 회의를 열지 않고도 일 을 처리해 내던, 옛날의 그 멋진 개인주의자 사장이 돌 아오면 좋겠습니다." 그 불쌍한 남성은 분명히 오래 전 에 함께 일했던 물병자리 사장을 몹시 그리워했을 것입 니다.

물병자리 사장을 둔 직원들이라면, 사무실이 어수 선하고 고객 접견실을 수리하느라 한쪽 벽을 다 뜯어내 고 있을 때 갑자기 사모님이 들이닥치는 경험은 좀처럼 하지 않을 것입니다. 사장의 와이프는 사무실로 남편을 찾아오는 건 고사하고 사장이 언제 어디에 있는지 운이 좋아야 알 수 있습니다. 물병자리는 자기의 일거수일투 족을 아내에게 말해 주지 않습니다. 예전에 옆집에 리서 치 회사를 운영하던 물병자리 사장이 살았는데 해외 출장지에 도착해서 여벌의 와이셔츠가 하나도 없다는 사실을 깨닫기 전에는 아내에게 출장 간다는 말을 전혀 하지 않았습니다.(그 사장은 여벌의 옷이 없다는 사실에 몹시 화가 나서 런던에서 아내에게 전화를 걸어 불평했다고 합니다. 어쨌든 모두 아내의 탓입니다. 어디론가 출장 갈 수도 있다는 것을 예상했어야지요.)

지난주에 당신의 물병자리 사장이 큰 연회에서 시장으로부터 올해의 남성상을 수상하던 날을 떠올려 보면 참 재미있습니다. 당신은 사장이 좀 종잡을 수 없기는 하지만 사실 정말로 훌륭한 사람이라는 결론을 내린 참이었는데, 테이블 아래를 내려다보니 사장이 다리를 심하게 떨고 있고, 우아한 검은색 정장 구두 위로 한쪽에는 파란색 양말을, 다른 한쪽에는 노란색 양말을 신고 있었죠.

# 물병자리 직원

~~~

반짝 비쩍 작은 별!
아름답게 빛나 넌!
네가 날고 있는 그 높은 하늘 위에
마치 찻쟁반처럼 높이 떠 있구나.

회사에 있는 직원 중에 누가 물병자리인지 알아맞히는
것은 쉽습니다. 모든 사람과 친하게 지내는 사람이 물병
자리입니다. 오늘 아침에 가방을 잃어버린 직원 기억하
시죠? 그 직원이 바로 한 달 전에 만년필을 빌리러 당신
의 방에 들렀다가 우연히 제품기획안을 놓고 간 덕분에
현재까지 회사에 어마어마한 이윤을 내게 해 준 바로 그
사람입니다.

그 직원을 채용하던 날을 떠올려 볼 수도 있겠네요. 당신은 그가 양키 스타디움의 박스석을 판매하러 왔다고 생각했다가 그 다음에는 셰익스피어 연극 단체 기금을 모금하러 왔나 싶었는데 마지막에는 정치 여론 조사를 하러 왔다고 생각했지요. 당신은 그 직원이 떠날 때까지도 입사 지원을 하러 왔다는 사실을 깨닫지 못했습니다. 당신이 기억하지 못한다고 해도 당신 비서는 그 직원을 분명히 기억할 것입니다. 물병자리 남성은 여성에게 순간적으로 오래 남는 인상을 주는 편인데, 심지어 며칠 굶은 강아지처럼 방치된 모습을 하고 있는 물병자리 남성조차도 깊은 인상을 남깁니다. 어떤 사람들은 모성 본능 때문이라고 성급하게 결론짓기도 하지만 그것은 잘못된 판단입니다. 진정한 물병자리의 매력은 여성에 대한 완벽한 무관심이기 때문입니다. 그런 무관심이 여성들로 하여금 신경 쓰게 만듭니다. 물병자리 남성은 마치 거부할 수 없는 도전 대상처럼 보이기 때문에, 상대방이 그를 유혹하고 싶거나 완전히 무시해 버리는 식으로 복수를 하고 싶게 만듭니다. 하지만 이런 두 가지 행동 모두 물병자리 직원에게는 전혀 감흥을 불러일으키지 못합니다. 물병자리 직원은 몇 주 동안이고 함께 일하는 여자 동료들이 전혀 존재하지 않는 듯 행동하다가도, 어느 봄날 갑자기 어떤 여직원에게 그녀의 눈이 자신이 예전에 나무에서 찾아낸 로빈새의 알처럼 동그랗다고 얘기해서 황홀하게 만들어 버리기도 합니다. 그 여직원은 그날 업무가 전혀 손에 잡히지 않을 것입니다.

물병자리 직원과의 생활은 아주 신나고 숨 가쁠지도 모릅니다. 물병자리 직원이 외향적이거나 화려하거나 또는 농담을 잘해서가 아닙니다. 사실은 그 반대이지요. 많은 물병자리들은 진지하고 차분하며 무심하고, 자신들을 둘러싼 정신없는 세상에서 한 발짝 떨어져 있는 사람들입니다. 그들의 유일한 문제는 한 50년쯤 앞서 있다는 것인데, 며칠에 한 번씩 현재로 다시 날아올 때마다 성층권에서 독특한 아이디어를 가득 채워 옵니다. 당신이 똑똑한 사장이라면 물병자리 직원을 1주일에 한 번씩 사장실로 불러 얘기를 나눌 것입니다. 유익한 시간이 될 거예요. 당신이 어떤 유용한 정보를 주워 담게 될지 누가 알겠습니까? 물병자리 직원이 계속 고장을 일으키는 새 기계의 네 번째 볼트 아래에 있는 느슨한 스크루에 어떤 문제가 있는지 정확하게 기술적인 용어로 이야기하는 모습을 보면, 어제 엘리베이터에서 만난 뒤로 혹시 화성에라도 다녀온 게 아닐까 싶은 생각마저 듭니다. 특히 그 직원의 인사 기록 카드에서 과학이나 기계학 쪽으로는 전공을 했거나 수업을 들은 적이 없다는 사실을 확인하면 더 놀라게 됩니다. 그럼에도 불구하고 물병자리 직원과의 비공식적인 이런 회의가 항상 소득이 있는 것은 아닙니다. 인디언 보호구역의 야구팀을 지키기 위해서 혹은 터키 이즈미르 지역의 초자연 현상 연구 단체를 위해서 지원금을 내는 문제에 대해 이야기를 나누고는 가 버릴지도 모릅니다. 물병자리의 관심사는 가히 전 세계적입니다.

이 조용하고 똑똑하며 친절한 젊은 물병자리 직원은 당신이 그의 얼굴을 기억할 정도로 회사에 오래 다니지 않을 가능성이 높습니다. 남자 직원이라면 꼭대기 자리에서 시삭해서 넻 주 반에 사기 방식대로 일을 저리하고 작곡가나 사진가, 조류학자, 댄서, 가수, 광대, 작가, 육상 선수, 지질학자, 아나운서 등등의 일을 혼자 하기로 결심할 수도 있으며 당신 회사를 떠나 '자아를 찾기 위해' 이 일 저 일 떠돌아다닐 수도 있습니다. 그는 언젠가 결국 자아를 찾을 것입니다. 그때가 되면 그는 한 자리에 남아서 평생을 머뭅니다. 하지만 그런 진실한 순간이 올 때까지 이 물병자리 친구는 끊임없이 떠돌아다니면서 실험하고 배우고 조사하고 새로운 친구들을 사귀면서 오랜 시간을 보낼 것입니다.

물병자리 직원은 천성적으로 감상적이지 않습니다. 과학적인 태도가 있지만 또한 사람들에 대한 호기심이 강해서 무엇이 사람들을 웃고 울게 만드는지 궁금해합니다. 물병자리는 감상주의를 별로 달가워하지 않는 편입니다.(개인적으로 아주 거슬리는 경험이 있어서 드물게 괴상한 행동에 사로잡혀 있는 경우를 제외하고는요.) 불행하게도 물병자리의 아이디어나 의견은 종종 터무니없고 실용적이지 못하다는 평을 자주 듣는 편이지만, 그것은 물병자리의 주파수가 50년 이상 미래에 맞춰져 있기 때문입니다. 옛날에 어떤 물병자리가 컬러텔레비전과 우주선 달 착륙을 설명하려고 했다면 당신 할머니가 어떻게 느꼈을지 상상해 보세요. 그러면 물병자리가 타임머신 이론을 얘기하면서 실수로 1770년에 갇히지 않도록 안전 장치를 만들어야 한다는 이야기를 할 때 사람들의 반응이 어떨지 짐작이 가실 겁니다.

물병자리 직원은 매주 다른 친구들과 함께 어울리고 있을 것입니다. 물병자리는 한 번에 한 명에만 만족하기 어렵습니다. 워낙 여러 가지 분야에 관심이 있기 때문이지요. 그러므로 물병자리에게는 우정을 받는 것보다 주는 것이 더 보편적입니다.

일단 먼저 해야 할 일은 당신이 어떤 유형의 물병자리 직원을 두고 있는지 판단하는 것입니다. 물병자리의 기본적인 유형은 한 가지밖에 없지만 그들의 천성이 드러나는 방법은 두 가지가 있습니다. 첫 번째는 파이프 담배를 피우는 정중한 교수 타입으로, 태도가 느긋하고 괴상한 버릇도 별로 없고 우아하지만 집 안에 이집트 미라가 있거나 집 안 한가운데에 인도 나무가 심어져 있거나 수마트라 섬에서 가져온 종, 16세기 탁자, 미국의 초기 로켓, 그리고 벽난로 위에 걸려 있는 낡은 비행기 프로펠러 등등이 있는 타입입니다. 구운 메뚜기 요리나 개미 알을 뿌린 스테이크 요리처럼 미식가들이나 찾을 만한 요리를 먹습니다. 그리고 대체로 아주 똑똑하지요.

두 번째 유형은 지하철 역 근처의 좁은 방에 살면서 샌드위치나 먹고 구식 텔레비전으로 좋아하는 프로그램을 즐겨 보는 유형입니다. 구석에 있는 탁자 위에는 발명품들을 잔뜩 쌓아 두고 먼지 쌓인 피아노로 작곡도 하고 설거지는 1주일에 한 번만 합니다. 이 유형 역시 똑똑합니다. 문제는 이 두 가지 유형이 집단 속에 섞여 있을 때에는 그 차이점을 구별하기가 쉽지 않다는 것입니다.

두 가지 유형 모두 양심적인 직원들입니다. 둘 다 매우 똑똑하며 신기할 정도의 인식력과 주변 모든 사람들에 대한 감각이 아주 예민합니다. 어떤 추상적 이론에 몰두하고 있는 동안에는 그 지식을 흡수합니다. 기억력은 나쁘지만 이들의 직감력은 그 약점을 덮고도 남습니다. 아주 독특한 버릇을 가지고 있고 친절하고 동정심도 많고 대체로 예의바른 사람들로서 옷을 독특하게 조합해서 입는 경향이 있습니다. 두 유형 모두 의리가 있고 정직하며 자기의 원칙을 엄격하게 고수합니다. 독신인 경우가 많으며 각각 약 5000명도 넘는 친구가 있고 그 범위는 지휘자, 미식축구 선수, 영화배우 등 다양합니다. 자, 이제 아시겠지요? 물병자리는 물병자리입니다. 파이프 담배를 피우건, 샌드위치만 먹건, 이집트 미라를 집에 두건, 로터스 나무를 집에서 기르건 물병자리는 물병자리의 천성이 따로 있습니다.

물병자리 직원이 급여를 받는 만큼 일을 충분히 해낼 거라고 믿어도 됩니다. 비록 당신의 비서가 앓고 있는 심각한 뾰루지의 진짜 원인일 수도 있지만 어쩌면 어느 날 「타임」지 표지에 무슨 트로피를 들고 등장할 수도 있습니다. 그때는 '예전에 알던 사람'이라고 말할 수 있겠지요. 물병자리 직원은 20세기 폭스 사에 영화 소재로 채택될 만한 멋진 아이디어를 제공할 수도 있습니다. 물병자리 직원은 회사의 기밀에 대해서는 완벽하게 신뢰할 수 있는 사람이며, 고객 응대를 가장 잘하는 직원이기도 합니다. 가장 냉담한 고객과도 친구가 될 수 있어서 다른 직원들이 왜 그 고객을 그렇게 어려워했는지 의아해질 것입니다. 물병자리에게 그 고객은 예의를 갖추고 질문을 몇 가지 해 보고 조금만 관찰을 해 보면 성격이 다 보이는 또다른 흥미로운 인간일 뿐입니다.

물병자리 직원이 당신에게 급여 인상을 요구할 가능성은 별로 없습니다. 그에게 돈은 여성과 함께 관심 목록의 맨 마지막에 있기 때문입니다. 하지만 자신의 가치가 어느 정도인지는 알 만한 사람이므로 계속 착취할 생각은 하지 않는 것이 좋습니다. 가끔 당신을 놀라게 할 수는 있지만 회사에서 스캔들을 일으키거나 사소한 가십 거리를 만들지는 않습니다. 물병자리 직원이 강렬한 야망으로 가득 차 있는 모습을 볼 수는 없겠지만, 물병자리는 열두 별자리 중에 가장 순수한 마음을 가지고 있는 별자리입니다. 물병자리 직원은 당신의 파트너라도 될 수 있을 정도로 많은 것을 알고 있더라도 절대로 당신으로부터 사업 아이템을 훔치지 않을 것이며, 당신 회사의 중요한 자산이 될 수도 있고 언젠가 전세계적인 명성을 회사에 가져다 줄 수도 있는 사람입니다.

마침내 물병자리 직원이 결혼하기로 결심하면 당신은 훌륭한 비서를 하나 잃을지도 모릅니다. (물병자리 직원은 자기 아내가 일하는 것을 바라지 않습니다.) 하지만 당신도 그 불쌍한 비서의 뾰루지가 없어지기를 바라지요?

당신은 끝없는 우주입니다

바빌론까지는 얼마나 멀어요?
60마일하고도 10마일 더 가야지.
촛불만 들고 갈 수 있을까요?
물론이지, 돌아올 수도 있는 걸!
－마더구스 중에서

마더구스의 순백색 깃털을 흔들고 그 이상한 주파수에
채널을 맞추면, 지혜로운 마더구스가 비밀을 보여 줄지
도 모릅니다. 언뜻 유치하게 들리는 마더구스의 자장가
에는 숨은 보석 같은 지혜가 담겨 있을 것입니다.

바빌론이 얼마나 멀리 있냐고요? 칼레도니아의 샌
들 신은 사람들의 시대나 보석을 걸치고 향수를 뿌린 이
집트 파라오의 시대에서부터 우주 시대까지는, 혹은 사

라진 아틀란티스 대륙 시대에서부터 제트 항공기 시대인 21세기까지는 어마어마한 시간의 흐름이 있다는 것을 알겠습니다. 하지만 실제로 그 시절이 얼마나 멀리 있는 걸까요? 어쩌면 한두 번 꿈을 꾸고 나면 닿을 수 있는 거리인지도 모릅니다.

과학 분야 중에서 유일하게 천문해석학만이 그 오랜 세월 동안 온전하게 이어져 오고 있습니다. 그 세월 동안 변치 않고 우리 곁에 남아 있다는 사실에 놀랄 필요는 없습니다. 천문해석학은 진실이고, 진실은 영원하니까요. 문명이 처음 생길 때부터 마치 모든 여성들과 남성들의 목소리가 메아리치듯이 오늘날 현대에도 똑같은 말이 반복되고 있지요. "금성이 당신의 지배행성인가요?", "저는 황소자리로 태어났어요.", "당신의 수성도 쌍둥이자리인가요?", "그 사람이 물병자리인 걸 모르시겠어요?"

천문해석학은 우리에게 행성 탐험이라는 흥미로운 미래를 마련해 주는 동시에 우리를 아련한 과거와 연결해 주는 황금 끈입니다. 과거에 황당한 미래 사회에 대한 글을 쓰거나 영화를 만들었던 사람들이 사실 몽상가가 아니었음이 증명되고 있습니다. 너무나도 환상적인 영화 〈벅 로저스〉*는 모든 분야의 과학보다 진보한 이야기를 다루었으며, 이 우주에는 우리가 상상하는 것보다 훨씬 많은 것이 존재한다는 사실을 일깨워 주었습니다. 만화책 주인공이었던 딕 트레이시가 사용했던 양방향 손목 무전기는 이제 더 이상 환상이 아니라 현실이 되었지요. 문 메이드**의 가장 강력한 무기는 레이저 광선이라는 기적과 맞아떨어지면서 납을 물처럼 흐르게 하고 인간이 알고 있는 어떤 단단한 물질도 뚫을 수 있게 되었습니다. 쥘 베른Jules Verne과 플래시 고든Flash Gordon 은 상당히 매력적인 예언가로 평가받고 있습니다. 바다 속 심연과 그보다 훨씬 먼 지구 위 하늘에는 중요한 비밀이 숨어 있다는 사실도 이제는 과학으로 밝혀졌지요.

　공상과학 작가나 만화가가 연구실에 있는 과학자보다 과거와 현재 그리고 미래 사이의 실제적인 거리감에 대해 더 잘 알고 있는 걸까요? 아인슈타인 박사는 시간

---

* 벅 로저스(Buck Rogers)：1939년 미국에서 제작된 공상 과학 영화.
** 문 메이드(Moon Maid)：에드거 라이스 버로스의 판타지 소설 『The Moon Maid』의 주인공.

이 상대적이라는 사실을 알아냈습니다. 시인들도 항상 알고 있었고, 과거로부터 전해 내려오는 현자들도 알고 있었습니다. 그 메시지는 새로운 것이 아니었죠. 요즘처럼 천문해석학에 관심이 쏟아지기 훨씬 이전에도 플라톤, 톨레미, 히포크라테스, 그리고 콜럼버스는 천문해석학의 지혜를 존중했고 갈릴레오, 벤 프랭클린, 토머스 제퍼슨, 아이작 뉴턴, 그리고 카를 융 같은 사람들도 천문해석학을 가까이했습니다. 존 퀸시 애덤스 대통령도 그 중 한 명이며 위대한 천문학자 튀코 브라헤, 요하네스 케플러도 추가해야 합니다. RCA* 회사의 천재 연구원 존 넬슨, 그리고 퓰리처 수상에 빛나는 존 오닐 등도 있습니다. 이들 모두 고등교육을 받은 사람들이지요.

1953년 노스웨스턴 대학의 프랑크 브라운 주니어 교수는 굴을 가지고 실험을 하는 과정에서 정말 놀라운 사실을 발견했습니다. 지금까지 과학계에서는 굴이 껍데기를 열고 닫는 주기는 태어난 장소의 조수간만 주기

---

* RCA(Radio Corporation of America): 1932년 설립된 미국의 전자 기업으로 미국 내에 라디오와 텔레비전을 보급했다. 1986년 제너럴 일렉트릭(GE)에 인수되었다.

를 따른다고 추정해 왔습니다. 하지만 브라운 박사가 롱아일랜드 해협에서 채집한 굴을 일리노이 주의 에반스턴에 있는 연구실 수조에 가져다 놓았을 때 이상한 일이 벌어졌습니다.

굴을 옮겨 놓은 곳은 항상 일정한 온도를 유지하고 늘 희미한 조명을 켜 둔 상태였습니다. 처음 2주 동안 그 옮겨진 굴은 1000마일 떨어져 있는 롱아일랜드 해협의 조수간만에 따라 껍데기를 열고 닫았습니다. 그러다 갑자기 껍데기를 굳게 닫고는 몇 시간 동안 그대로 있었습니다. 굴이 향수병으로 인해 껍데기를 닫아 버렸다고 브라운 박사 연구팀이 결론 내리려고 할 즈음 이상한 일이 생겼습니다. 굴이 다시 껍데기를 연 것입니다. 롱아일랜드 해협 밀물 시간에서 정확하게 4시간 뒤인 에반스턴 밀물 시간에, 마치 해변에 있는 굴처럼 껍데기를 열었습니다. 새로운 주기가 시작되었습니다. 자신의 리듬을 새로운 지리적 위도와 경도에 맞췄습니다. 도대체 어떤 힘이 작용했을까요? 물론 달의 힘이죠. 브라운 박사는 굴의 에너지 주기가 밀물과 썰물을 통제하는 신비한 달의 신호에 의해서 움직인다고 결론 내릴 수밖에 없었습니다.

이와 마찬가지로 인간의 에너지와 정서적 주기도 여러 행성들로부터 오는 훨씬 더 복잡한 전자기 네트워크에 영향을 받습니다. 과학계에서는 달의 인력으로 인해 바다에서 조수간만의 차가 발생하는 것으로 인식하고 있습니다. 신체의 70퍼센트가 물로 구성되어 있는 인간이 그런 강력한 행성의 인력에 영향을 받지 않을 수 있을까요? 우주 비행사들이 행성에 다가갈 때 느끼는 엄청난 전자기력의 영향은 익히 알려진 사실입니다. 달의 인력은 여성들의 월경 주기나 출산에도 영향을 미친다고 알려져 있고, 정신병원 환자들이 달의 영향을 받는다는 의사와 간호사들의 반복되는 증언도 있습니다. 보름달이 뜨는 날에는 경찰도 힘들어한다는 얘기를 들어 보셨는지요? 농사력에 나오는 조언을 무시하고 지지대를 박거나 돼지를 잡거나 작물을 심는 농부가 있을까요? 달과 행성들의 움직임은 의회에서 논의하는 세금 문제만큼이나 중요한 문제입니다.

모든 행성 중에서도 달의 인력이 가장 두드러지고 극적인데, 그것은 달이 지구에서 가장 가깝기 때문입니다. 하지만 태양을 비롯해서 금성, 화성, 수성, 목성, 토성, 천왕성, 해왕성, 명왕성도 아주 멀리서 그 영향력을 분명히 행사하고 있습니다. 과학자들은 식물과 동물이 어떤 규칙적인 주기에 영향을 받는다는 사실을 인식하고 있는데, 그 주기는 바로 공기 중에 있는 자장이나 기압의 변동 그리고 중력과 같은 힘에 의해서 결정된다고 합니다. 지구에 영향을 미치는 이러한 힘은 별의 보이지 않는 파장이 날아오는 우주에서부터 비롯됩니다. 달의 변화, 감마선·우주선·엑스선 샤워, 배 모양 전자기 파장의 맥동, 그리고 외계로부터 오는 여타의 영향력들은 우리를 둘러싸고 있는 대기권을 지속적으로 뚫고 쏟아져 내리고 있습니다. 지구상에 있는 어떤 생명체나 광물도 그것을 피할 수 없으며 우리 인간도 마찬가지입니다.

예일대 의대 해부학 박사인 해럴드 버는 복잡한 자기장이 인간의 출생 시에 어떤 패턴을 형성하는 것뿐만 아니라 사는 동안 그 패턴을 통제한다고 언급했습니다. 버 박사는 또한 인간의 중추신경계는 전자기 에너지를 매우 잘 흡수하는, 자연계에서 가장 예민한 기관이라고 말했습니다.(인간은 굴보다 좀 더 멋있게 걷기는 하지만 굴과 똑같은 진동 소리를 듣는다는 말이지요.) 또한 우리 뇌 속에 있는 세포 10만 개는 전기가 흐를 수 있는 무수히 많은 회로를 형성하고 있습니다.

그러므로 우리 몸과 뇌 속에 있는 미네랄과 화학 물질 및 전기적인 세포는 태양의 흑점, 일식 그리고 행성의 움직임에서 발생하는 모든 영향에 반응합니다. 인간도 다른 모든 살아 있는 유기체와 마찬가지로 우주의 끊임없는 밀물과 썰물에 반응합니다. 하지만 인간은 고유의 자유의지가 있기 때문에 그런 외부의 영향력에 구속될 필요는 없습니다. 다시 말해서 우리의 정신은 이러한 행성들의 영향보다 더 우위에 있다는 뜻입니다. 그러나 불행하게도 우리 대부분은 자유의지(정신의 힘이지요.)를 사용하지 못하고 있고, 우리의 운명을 미시건 호수나 옥수수자루만큼이나 제어하지 못하고 있습니다. 천문해석가의 목표는 사람들이 인생의 급류에 그냥 쓸려 다니지 않고 그 흐름에 맞서 싸우는 방법을 얻도록 도와주는 것입니다.

천문해석학은 과학인 동시에 예술입니다. 비록 많은 사람들이 그 기본적인 사실을 무시하고 싶어 하지만 결코 간과할 수 없습니다. 많은 천문해석가들은 사람들이 천문해석학과 관련한 직감만을 언급하는 것에 대해 분노하고 있습니다. 천문해석가들은 직감과의 연관성을 언급하는 말에 대해서 '천문해석학은 수학에 기초한 정확한 과학이다. 절대로 직감력과 동일선상에서 언급되어서는 안 된다.'라고 강력하게 주장합니다. 저는 그들의 의견도 진정성이 있다고 생각하지만, 왜 그 두 가지를 전혀 다른 것으로 구분해야 하는지 계속 의문이 듭니다. 오늘날에는 문외한들도 자신의 초능력을 알아보기 위해서 책이나 게임 또는 연구 실험을 시도하고 있습니다. 천문해석가라고 그러지 말아야 한다는 법은 없습니다. 육감을 가지고 있거나 개발하고 있는 소수의 사람들을 닭이 머리를 모래에 숨기듯 모른 척해야만 할까요?

천문해석학의 출생차트 계산이 수학적 데이터와 천문학적 사실에 근거한다는 점을 고려한다면 천문해석학은 정확한 과학입니다. 의학도 사실과 연구에 기초한 과학입니다. 그럼에도 불구하고 모든 훌륭한 의사들은 의학이 또한 예술이라는 점을 인정하고 있습니다. 의사들은 직감적 진단을 하는 동료들이 있다는 것을 인식하고 있습니다. 내과 의사들은 개인마다 정도의 차이는 있지만 의학적으로 입증 가능한 사실을 해석함에 있어서 그들에게 막대한 도움을 주는 예민하고 특별한 감각이 있다고 말할 것입니다. 의학적 이론을 종합하여 환자의 개인 이력과 관련된 실험 결과를 해석하는 것은 공식처럼 미리 결정되어 있지 않습니다. 의사의 직감적 통찰력이 없이는 불가능한 과정입니다. 그렇지 않다면 의학은 그냥 전산화하면 그만일 것입니다.

음악도 또한 엄격한 수학 법칙이라는 과학적 토대가 있는 분야로, 코드 진행에 대해 공부해 본 사람이라면 누구나 알고 있을 것입니다. 간주곡들은 논쟁의 여지 없이 수학적 비율에 의해 결정됩니다. 하지만 음악 역시 예술이지요. 누구나 〈월광〉이나 〈바르샤바 협주곡〉을 배울 수는 있지만 벤 클리번의 연주가 다른 사람들과 다른 것은 그 감각 또는 직감적 통찰력의 차이일 것입니다. 음표와 화음은 언제나 수학적으로 정확하게 똑같습니다. 하지만 그에 대한 해석이 나른 것이죠. 이것이 바로 과학이라는 단어의 정의와는 전혀 관계가 없는 명확한 현실입니다.

천문해석학을 남에게 가르칠 수 있을 정도로 아주 훌륭하게 공부하는 지적인 사람들도 있지만, 천문해석학이라는 과학을 예술의 경지로 끌어올릴 수 있는 감각적 해석이나 직감적 통찰력을 겸비하는 사람은 많지 않습니다. 물론 정확하고 도움이 될 만한 천문해석학 분석을 제공하기 위해 심령술사나 영매가 될 필요는 없지만, 천문해석가의 직감력은 분명히 출생차트를 종합하고 분석하는 데에 도움을 주는 자산이 됩니다. 물론 그런 직감력이 있는 천문해석가도 기본적으로 수학 계산에 능숙해야 하며 자신의 예술에 있어 과학적인 기본 사항을 엄격히 준수하는 태도가 있어야겠죠. 그런 천문해석가는 의식적인 능력과 무의식적인 능력을 잘 조합하여 사용하기 때문에, 당신은 유능하고 전문적인 천문해석가들을 두려워할 필요가 없습니다. 오히려 그런 사람을 만날 수 있다면 행운이지요. 어떤 분야에서든 예민한 통찰력을 보유한 사람은 드물답니다.

요즘에는 천문해석학의 인기가 높아지면서 갑자기 돌팔이 천문해석가들이 많이 나타났지만, 정말로 필요한 제대로 된 천문해석가와 스승은 많지 않습니다. 가까운 미래에는 천문해석가가 유수의 대학에서 '별의 과학'을 전공한 전문가로 인식될 날이 올 것입니다. 행성들이 인간의 행동에 미치는 영향에 대한 중요한 연구는, 옛날 유럽에서 그랬던 것처럼 주요 대학에서 교과목으로 가르치게 될 것입니다. 천문해석학을 가르치고 연구할 수 있는 능력이나 개인차트를 분석할 수 있는 능력이 출생차트에 나타나는 학생들만 받게 될 것이며 그 과정은 법대나 의대만큼이나 어려울 것입니다. 자기장, 기후 조건, 생물학, 화학, 지질학, 천문학, 수학, 사회학, 비교종교학, 철학, 심리학도 공부해야 하고 천문 차트를 계산하는 방법과 해석하는 방법도 공부해야 하며 졸업생들은 천문해석가(D.A.S: Doctor of Astral Science)라는 자격을 부여받아야 간판을 걸 수 있을 것입니다.

현재의 연구 단계에서 초보자들이 천문해석학에 가장 안전하고 타당하게 접근할 수 있는 방법은 열두 개 태양별자리에 대해 완벽하게 공부하는 것이며, 이것은 마치 응급조치나 건강 상식을 공부해서 의학이론에 익숙해지는 것과 마찬가지입니다.

언젠가 인류는 천문해석학, 의학, 종교, 천체물리

학, 정신과학이 모두 하나라는 사실을 발견할 것입니다. 그 모든 것이 합쳐져야 비로소 완벽한 전체를 이루게 됩니다. 그때까지 각 분야는 조금씩의 결함을 가지고 있을 것입니다.

천문해석학에는 서로의 의견이 충돌하는 혼란스러운 부분이 있습니다. 바로 환생에 대한 의견입니다. 오늘날에는 누구나 긍정적이든 부정적이든 윤회설에 대한 의견이 있을 것입니다. 물병자리 시대로 들어가는 20세기에는 여기저기에서 점괘판이나 잔 딕슨*에 대한 이야기를 듣게 됩니다.

전문적인 천문해석가들은 윤회설 또는 카르마를 바탕에 깔고 해석하지 않으면 천문해석학은 불완전한 것이라고 믿고 있고, 저 또한 그렇습니다. 윤회설을 강하게 부인하는 사람들이, 특히 천문해석학이 상대적으로 낯선 서양에 많이 있습니다. 천문해석학을 활용하기 위해서 반드시 환생 이론을 받아들여야 하는 것은 아닙니다. 또한 전생 혼의 존재는, 아무리 논리적으로 설명하

---

* 잔 딕슨(Jeanne Dixon, 1904~1997) : 미국의 유명한 점성가이자 심령술사.

더라도 과학적으로 규명된 적이 한 번도 없습니다.(문서로 남긴 설득력 있는 정황 증거와 성경이 있기는 합니다.) 환생은 그 특성상 확실하게 손에 잡히는 증거를 영원히 확인할 수 없을지도 모릅니다. 고대인은 진화한 영혼이 끊임없이 다시 태어나는 환생 주기를 끝내려면 카르마의 진실을 추구하는 단계에 도달해야만 한다고 가르쳤습니다. 그러므로 환생을 믿는 것은, 우주에서 환생이 존재하고 있다는 것과 현생의 삶에서 그 카르마가 말하는 의무가 어떤 의미인지 찾을 수 있는 진화한 영혼에게는 선물이자 보상입니다. 그 깊은 신비가 증명되면 개개인이 스스로의 의지로 그것을 발견하기 위해 애쓸 필요가 없어지기 때문에, 영원히 증명되지 않고 각자 자신의 마음속에서 환생에 대한 답을 찾아야 하는지도 모릅니다. 하지만 스스로 찾기 위해서는, 다른 사람들이 무엇이 거짓이고 무엇이 참인지 발견해 놓은 지식을 배워야만 할 것입니다. 놀라운 예언가인 에드거 케이시에 대한 책이 호기심 많은 초심자들의 이해를 도울 만하고, 환생에 대해서는 훌륭한 책들이 많이 나와 있으니, 몇 권 골라서 본다면 여러분이 스스로 환생이 고려할 만한 가치가 있는 주제인지 아니면 단순한 사술인지 생각을 정리하는 데에 도움이 될 것입니다. 이것이 우리가 직접 찬반양론을 철저하게 조사하고 삶과 죽음에 대한 문제에 접근하는 유일한 방법일 것입니다.

현대에는 보이지 않는 영향력에 대한 관심이 새롭게 일어나고 있으며, 독심술에 대한 관심이 그 좋은 예라고 할 수 있습니다. 미국항공우주국에서는 지구와 우주 비행사 사이의 통신이 두절되는 상황에 대비하기 위해 막대한 자금을 투자하여 선별된 우주 비행사들을 대상으로 감각적 인식을 통해 메시지를 전달할 수 있는지 확인하는 초감각적 지각 실험을 진행하고 있습니다. 이런 연구 분야에서 러시아가 미국보다 훨씬 앞서 있는 것으로 전해지는데, 이것을 보면 독단적이고 물질주의적인 사고를 배제해야 하는 이유를 알 수 있습니다.

사람들 사이의 이런 보이지 않는 파장에 대한 성공적인 실험결과 덕분에 의사들도 관심을 가지게 되었습니다. 의학계는 암이나 패혈증, 인두염과 같은 질병이 정신적·감정적 긴장으로 유발된다는 사실을 오래 전부터 인정해 왔으며, 오늘날에는 환자의 성향이 암의 진전과 분명한 관계가 있다는 이론을 확립하고 있습니다. 최근 기사에서는 저명한 의사들이 정신과 의사들과의 협력을 통해 어떤 환자가 질병에 예민한지 사전에 확인해서 질병을 조기에 치료하거나 예방할 수 있도록 해야 한다는 주장이 나왔습니다. 하지만 천문해석학에서는 질병이 정신과 감정에 의해 발생하며 그러므로 정신과 감정을 통해 통제하거나 제거할 수 있다는 것을 오래 전부터 인지해 왔습니다. 또한 특정 행성의 영향을 받는 순간에 태어난 사람은 특정 질병이나 사고에 노출될 확률이 높거나 또는 반대로 면역성을 가지고 있다는 사실 또한 알고 있었습니다. 환자의 출생차트 상에 행성들의 위치와 각도를 보면 의학에서 찾는 지식을 잘 알 수 있답니다.

고고학과 인류학에서 발견한 내용에 의하면 고대 이집트에서는 천문해석가이자 의사인 사람들이 고도의 기술로 뇌수술을 했던 것으로 밝혀졌습니다. 오늘날에도 진보적인 의사들은 고대 그리스 의사들이 했던 방법을 따라 달이 이동하는 별자리를 남몰래 체크하기도 합니다. 고대 의사들은 히포크라테스 계율에 따라 '달별자리에 해당하는 신체 부위나 달이 90도 혹은 180도를 맺는 신체 부위에는 칼을 대지 않는다.'라는 내용을 실천했습니다. 의학적인 천문해석학과 그 가치에 대해서는 질병의 원인과 예방 차원에서 논의해야 할 부분이 많고 또한 워낙 방대한 주제이므로 별도의 책에서 다루어야 할 것입니다.

의학계뿐만 아니라 일부 여행사나 보험 회사, 항공사에서도 치명적인 항공기 충돌 사고가 탑승객과 승무원의 출생차트와 관계있는지 은밀하게 조사하고 있습니다. 우리는 고대의 지식으로부터 물질적 사고 방식으로 후퇴했다가 많은 시간이 흘러 다시 진실로 나아가고 있습니다. 세월이 흐르면서 행성들은 그 장엄하고 확고한 궤도를 변함없이 유지하고 있습니다. 고대 바빌론의 하늘과 베들레헴의 하늘에서 빛나던 별들은 지금도 엠파이어스테이트 빌딩 위에서 또는 동네 뒷산 하늘 위에서 여전히 빛나고 있습니다. 그 별들은 수학적으로 정확한 주기를 가지고 있고, 여전히 인간을 포함한 이 지구 위에 있는 모든 생명체에 영향을 미치고 있으며, 지구가 존재하는 동안에는 앞으로도 변함없이 그럴 것입니다.

천문해석학은 운명론이 아니라는 점을 항상 기억해 주시기 바랍니다. 별은 어떤 경향을 부여할 뿐 강요하지는 않습니다. 우리 대부분은 행성과 출생차트의 영향뿐만 아니라 주변 환경과 물려받은 유전적인 환경에도 맹목적으로 순종해야 하고 이러한 환경의 힘이 우리보다 더 강력하다고 생각하는 경향이 있습니다. 우리가 이런 모든 요소들에 대해 통찰력이 없기 때문에 저항도 하지 않는 것이죠. 그럴 때, 우리의 별자리는 마치 지문처럼 우리에게 맞아떨어집니다. 우리는 우리를 움직이는 그 힘을 경멸하든 무시하든 간에 인생이라는 체스 게임에서 말처럼 움직여집니다. 하지만 누구든 태어날 때의 환경상의 어려움은 극복할 수 있습니다. 우리의 의지력이나 정신력을 이용하여 누구든 자신의 기분을 조절하고 인성을 변화시키고 자신의 환경과 태도를 제어할 수 있습니다. 이렇게 할 수 있을 때 우리는 비로소 체스판의 말이 아니라 그 말을 움직이는 주체가 됩니다.

당신은 "나는 태어날 때부터 그런 힘이나 능력이 없어."라고 말하면서 별을 따르는 것을 주저하시는지요? 당신은 보이지도 들리지도 말하지도 못하는 자신을 극복하기 위해 심원한 내면의 의지력을 발휘했던 헬렌 켈러보다 더 많은 것을 가지고 태어났습니다. 헬렌 켈러는 자신의 출생차트 상의 어려운 요소들을 명예, 부, 존경 그리고 수많은 사람들에 대한 사랑으로 바꾸었으며, 그렇게 행성들의 영향력을 극복했습니다.

두려움 때문에 내일을 바라보지 못하시나요? 무지개에 닿기도 전에 우울함과 비관주의가 당신의 무지개를 회색빛으로 물들이나요? 미국 영화배우였던 퍼트리샤 닐은 우울함과 불안함을 강철 같은 정신력으로 탈바꿈시켰습니다. 그녀는 비극 앞에서도 미소를 보였고 그 미소는 치명적인 마비 증상까지도 날려 버릴 만큼 충분한 감정적인 에너지를 발산해서 의사들도 깜짝 놀라게 만들었지요.

신문 지상에서 떠들어 대는 것처럼 미국이 냉전 시대, 국민적 혹은 국제적 몰이해, 범죄율 증가, 불평등, 편견, 도덕적 해이, 윤리 상실, 그리고 어쩌면 핵폭발로 곧 사라질 위기에 처해 있다고 걱정하고 계시나요? 윈스턴 처칠도 개인적으로 그리고 국가적으로 패배에 직면한 적이 있었죠. 하지만 그는 눈을 반짝거리면서 강철 같은 의지를 품고 마음속으로 기도를 했습니다. 이 세 가지로 그는 한 사람의 용기가 수많은 사람들에게 맹목적인 낙관주의와 굳건한 힘을 일깨워 주는 기적을 일구어 냈습니다. 결과적으로 그런 파장은 공포를 녹여 버리고 세상에 영감을 주었으며 승리를 이끌어 냈습니다. 처칠은 자신과 자신의 국가가 체스판의 말이 되기를 거부하였던 것입니다.

그런 사람들은 특별한 경우라고 생각하시나요? 당신도 기적을 만들어 낼 수 있습니다. 누구나 할 수 있습니다. 당신에게도 강력한 행성들의 전자기력에 대한 면역력을 기를 수 있는 충분한 힘이 있습니다. 그럼에도 불구하고 너무 쉽게 포기해 버리고 당신의 잠재력을 깨닫지 못한다면 정말 안타까운 일이지요.

증오와 두려움을 정복하고 나면 우리의 의지는 자유로워지고 엄청난 힘을 발휘할 수 있게 됩니다. 이것이 바로 말 없는 별들에 담겨 있는 당신 출생의 메시지입니다. 그러니 귀를 기울여 보세요.

어떤 고대 전설에서는 힘과 주술적 비밀을 알고 싶어서 현명한 마술사를 찾아가는 남자의 이야기가 있습니다. 마술사는 그를 맑은 호숫가로 데리고 가서 무릎을 꿇게 했지요. 그러자 그 현명한 마술사는 사라져 버리고 혼자 남겨진 그 남자는 물 속에 비친 자기 모습을 보게 되었습니다.

"내가 하는 것을 그대도 할 수 있다.", "구하라, 그러면 얻을 것이다.", "두드려라, 그러면 열릴 것이다.", "진실을 추구하라, 진실이 너희를 자유롭게 하리라."

바빌론까지는 얼마나 멀어요?
60마일하고도 10마일 더 가야지.
촛불만 들고 갈 수 있을까요?
물론이지, 돌아올 수도 있는 걸!

이것은 시일까요 아니면 수수께끼일까요? 이 우주 속에 있는 모든 것은 우주 법칙의 일부이며 천문해석학은 그 법칙의 기본입니다. 천문해석학에서 종교와 의학, 천문학이 생겨난 것이지 그 반대가 아닙니다.

고대 그리스의 도시였던 테베에는 열두 별자리가 조각되어 있는데 아주 오래된 것이라 정확한 기원은 알 수 없습니다. 아틀란티스일지도 모릅니다. 하지만 그 상 징들을 어디서 가져왔고 누가 새겼든 간에 그 메시지는 영원합니다. '당신은 끝없는 우주입니다.' 그리고 아직까지 하나의 별밖에 보지 못했답니다.

당신의 별자리

물병자리

2012년 12월 21일 초판 1쇄

지은이 린다 굿맨 ‖ **옮긴이** 이순영

펴낸이 이순영 ‖ **편집** 이루리 ‖ **디자인** 오빛나 ‖ **덕담** 최우근 ‖ **박은곳** 한영문화사

펴낸곳 북극곰 ‖ **주소** 서울시 은평구 진관동 은평뉴타운 우물골 239동 1001호

전화 02-359-5220 ‖ **팩스** 02-359-5221

이메일 bookgoodcome@gmail.com ‖ **홈페이지** www.bookgoodcome.com

블로그 http://blog.naver.com/codathepolar ‖ **페이스북** 도서출판 북극곰

ISBN 978-89-97728-29-9 03180   **값** 9,000원

Linda Goodman's Sun Signs

©1968 by Linda Goodman

Korean translation rights arranged with Taplinger Publishing Co., Inc.

이 책의 한국어판 저작권은 임프리마 코리아 에이전시를 통해

미국 Taplinger Publishing Co., Inc.와의 독점 계약으로 도서출판 북극곰에 있습니다.

신 저작권법에 의해 한국 내에서 보호를 받는 저작물이므로 무단 전재와 무단 복제를 금합니다.